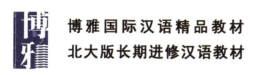

博雅国际汉语精品教材
北大版长期进修汉语教材

Boya Chinese

Reading and Writing (Intermediate) I

博雅汉语读写·中级冲刺篇 I

李晓琪 主编

杨德峰 成宁 编著

图书在版编目(CIP)数据

博雅汉语读写.中级冲刺篇.Ⅰ/李晓琪主编；杨德峰，成宁编著.—北京：北京大学出版社，2019.3
北大版长期进修汉语教材
ISBN 978-7-301-29974-6

Ⅰ.①博… Ⅱ.①李…②杨…③成… Ⅲ.①汉语—对外汉语教学—教材 Ⅳ.①H195.4

中国版本图书馆CIP数据核字（2018）第239031号

书　　名	博雅汉语读写·中级冲刺篇Ⅰ BOYA HANYU DUXIE · ZHONGJI CHONGCI PIAN Ⅰ
著作责任者	李晓琪 主编 杨德峰 成 宁 编著
英文翻译	成 宁 陈 歌
责任编辑	孙艳玲 邓晓霞
标准书号	ISBN 978-7-301-29974-6
出版发行	北京大学出版社
地　　址	北京市海淀区成府路205号 100871
网　　址	http://www.pup.cn　新浪微博：@北京大学出版社
电子信箱	zpup@pup.cn
电　　话	邮购部 010-62752015　发行部 010-62750672　编辑部 010-62753374
印刷者	北京宏伟双华印刷有限公司
经销者	新华书店
	889毫米×1194毫米　大16开本　7印张　143千字 2019年3月第1版　2024年9月第2次印刷
定　　价	42.00元

未经许可，不得以任何方式复制或抄袭本书之部分或全部内容。
版权所有，侵权必究
举报电话：010-62752024　电子信箱：fd@pup.cn
图书如有印装质量问题，请与出版部联系，电话：010-62756370

前　言

"听说读写"四项技能是第二语言学习者必备的语言技能，全面掌握了这四项技能，就能够实现语言学习的最终目标——运用语言自由地进行交际。为实现这一目的，自20世纪中后期起，从事语言教学工作的教材编写者们在综合教材之外，分别编写听力教材、口语教材、阅读教材和写作教材，这对提高学习者的"听说读写"四项语言技能起到了至关重要的作用。不过，由于各教材之间缺乏总体设计，各位编者各自为政，产生的结果就是教材主题比较零散，词汇量和语言点数量偏多，重现率偏低。这直接影响到教学效果，也不符合第二语言学习规律和现代外语教学原则。21世纪以来，听说教材和读写教材开始出现，且以中级听说教材和中级读写教材为主，这是教材编写的新现象。

"博雅汉语"听说、读写系列教材突破已有教材编写的局限，根据语言教学和语言习得的基本原则，将听力教学和口语教学相结合，编写听说教材9册；将阅读教学和写作教学相结合，编写读写教材6册，定名为"博雅汉语"听说、读写系列教材。这是汉语教材编写的一次有益尝试。为保证教材的科学性和有效性，在编写之前，编者们多次研讨，为每册教材定性（教材的语言技能性质）、定位（教材的语言水平级别）和定量（教材的话题、词汇量和语言点），确保了教材设计的整体性和科学性，这符合现代外语教材编写思路和原则，也是本套教材编写必要性的集中体现。相信本套教材的出版，可为不同层次的学习者（从初级到高级）学习和掌握汉语的听说、读写技能提供切实的帮助，可为不同院校的听说课程和读写课程，提供突出语言功能的成系列的好用教材。

还要说明的是，早在2004年，北京大学对外汉语教育学院的一些教师已经陆续编写和出版了"博雅汉语"综合系列教材，共9册。该套教材十余年来受到使用者的普遍欢迎，并获得北京大学2016年优秀教材奖。2014年，该套教材根据使用者的需求进行了修订，目前修订工作已经全部完成。本次编写的"博雅汉语"听说、读写系列教材，与综合教材成龙配套，形成互补（听说9册与综合9册对应，读写分为初、中、高三个级别，也与综合教材对应，详见各册教材的说明）和多维度的立体结构。无论是从教材本身的体系来看，还是从出版的角度来说，同类系列汉语教材这样设计的还不多见，"博雅汉语"系列教材的出版开创了汉语教材的新局面。

教材的独特之处有以下几点：

1. 编写思路新，与国际先进教学理念接轨

随着中国国际地位的提高，世界各国、各地区学习汉语的人越来越多，对外汉语教学方兴未艾，编写合适的对外汉语系列教材是时代的呼唤。目前世界各地编写的对外汉语教材数量众多，但是很多教材缺乏理论指导，缺乏内在的有机联系，没有成龙配套，这不利于对外汉语教学的有效开展。国内外对外汉语教学界急需有第二语言教学最新理论指导的、有内在有机联系的、配套成龙的系列教材。本套系列教材正是在此需求下应运而生，它的独到之处主要体现在编写理念上。

第二语言的学习，在不同的学习阶段有不同的学习目标和特点，因此"博雅汉语"听说、读写系列教材的编写既遵循了汉语教材的一般性编写原则，也充分考虑到各阶段的特点，较好地体现了各自的特色和目标。两套教材侧重不同，分别突出听说教材的特色和读写教材的特色。前者注重听说能力的训练，在过去已有教材的基础上有新的突破；后者注重读写能力的训练，特别重视模仿能力的培养。茅盾先生说："模仿是创造的第一步。"行为主义心理学也提出"模仿"是人类学习不可逾越的阶段。这一思想始终贯穿于整套教材之中。说和写，都从模仿开始，模仿听的内容，模仿读的片段，通过模仿形成习惯，以达到掌握和创新。如读写教材，以阅读文本为基础，阅读后即引导学习者概括本段阅读的相关要素（话题、词语与句式），在此基础上再进行拓展性学习，引入与文本话题相关的词语和句式表达，使得阅读与写作有机地贯通起来，有目的、有计划、有步骤、有梯度地帮助学生进行阅读与写作的学习和训练。这一做法在目前的教材中还不多见。

2. 教材内容突出人类共通文化

语言是文化的载体，也是文化密不可分的一部分，语言受到文化的影响而直接反

映文化。为在教材中全面体现中华文化的精髓，又突出人类的共通文化，本套教材在教学文本的选择上花了大力气。其中首先是话题的确定，从初级到高级采取不同方法。初级以围绕人类共通的日常生活话题（问候、介绍、饮食、旅行、购物、运动、娱乐等）为主，作者或自编，或改编，形成初级阶段的听或读的文本内容。中级阶段，编写者以独特的视角，从人们日常生活中的喜怒哀乐出发，逐渐将话题拓展到对人际、人生、大自然、环境、社会、习俗、文化等方面的深入思考，其中涉及中国古今的不同，还讨论到东西文化的差异，视野开阔，见解深刻，使学习者在快乐的语言学习过程中，受到中国文化潜移默化的熏陶。高级阶段，以内容深刻、语言优美的原文为范文，重在体现人文精神、突出人类共通文化，让学习者凭借本阶段的学习，能够恰当地运用其中的词语和结构，能够自由地与交谈者交流自己的看法，能够自如地写下自己的观点和意见……最终能在汉语的天空中自由地飞翔。

3. 充分尊重语言学习规律

本套教材（听说教材和读写教材），从功能角度都独立成册、成系列，在教学上完全可以独立使用；但同时又与综合教材配套呈现，主要体现在三个方面：

（1）同步教材（听说、读写），每课的话题与综合教材基本吻合；

（2）每课的词汇量重合在30%～40%，初级阶段（听说1、2册）重合率达到80%～90%；

（3）语言知识点在重现的基础上有限拓展。

这样，初级阶段做到基本覆盖并重现综合教材的词语和语言点，中高级阶段，逐步加大难度，重点学习和训练表达任务与语言结构的联系和运用，与《博雅汉语》综合教材的内容形成互补循环。

配套呈现的作用是帮助学习者在不同的汉语水平阶段，各门课程所学习的语言知识（词语、句式）可以互补，同一话题的词语与句式在不同语境（"听说读写"）中可以重现，可以融会贯通，这对学习者认识语言，同步提高语言"听说读写"四项技能有直接的帮助。

4. 练习设置的多样性和趣味性

练习设计是教材编写中的重要一环，也是本教材不同于其他教材的特点之一。练习的设置除了遵循从机械性练习向交际练习过渡的基本原则外,还设置了较多的任务型练习,充分展示"做中学""练中学"的教学理念,使学习者在已有知识的基础上得到更深更广的收获。

还要特别强调的是,每课的教学内容也多以听说练习形式和阅读训练形式呈现,尽量减少教师的讲解,使得学习者在课堂上获得充分的新知识的输入与内化后的语言输出,以帮助学习者尽快掌握汉语"听说读写"技能。这也是本套教材的另一个明显特点。

此外,教材中还设置了综合练习和多种形式的拓展训练,这些练习有些超出了本课听力和阅读所学内容,为的是让学习者在已有汉语水平的基础上自由发挥,有更大的提高。

综上,本套系列教材的总体设计起点高,视野广,既有全局观念,也关注每册的细节安排,并且注意学习和借鉴世界优秀第二语言学习教材的经验;参与本套系列教材的编写者均是具有丰富教学经验的优秀教师,多数已经在北京大学从事面向留学生的汉语教学工作超过20年,且有丰硕的科研成果。相信本套系列教材的出版将为正在世界范围内开展的汉语教学提供更大的方便,将进一步推动该领域的学科建设向纵深发展,为汉语教材的百花园增添一束具有鲜明特色的花朵。

衷心感谢北京大学出版社的领导和汉语室的各位编辑,是他们的鼓励和支持,促进了本套教材顺利立项(该套教材获2016年北京大学教材立项)和编写实施;是他们的辛勤耕作,保证了该套教材的设计时尚、大气,色彩与排版与时俱进,别具风格。在此代表全体编写者一并致谢!

李晓琪

于北京大学蓝旗营

使用说明

教材主要编写目的如下：

一、丰富学习者的词汇量。本书的话题与《博雅汉语·中级冲刺篇Ⅰ》相关课文的话题大体一致，因此词汇是在《博雅汉语·中级冲刺篇Ⅰ》基础上扩展的。

二、培养学习者的阅读理解能力。为了提高学习者的阅读理解能力，每节课后都提供了大量理解性的练习，这些练习既有对文章主要内容的理解，也有对具体细节的考查。通过这些练习，学习者的阅读理解能力将有大幅度的提高。

三、帮助学习者了解汉语语篇的结构特点。通过阅读，学习者可以了解相关文章的篇章结构，为下一步的写作输出做充分的准备。

四、提高学习者的写作能力和水平。本书写作部分设计了"热身活动""写作任务""实战练习"以及"定稿"四部分，先学习相关的词语和句式，然后让学习者运用学过的词语和句式完成多项写作任务，最后完成整篇作文。通过这些写作练习，提高学习者的写作能力和水平。

教材的主要特色有以下几个方面：

一、本教材是与《博雅汉语·中级冲刺篇Ⅰ》配套的阅读和写作教材，话题有很大的相关性，而且词语、语法方面也有一定的关联。

二、具有相对的独立性。教材选取的话题与《博雅汉语·中级冲刺篇Ⅰ》有关课文的话题相近或相关，同时话题角度和内容又有所不同，因此，也可以作为中级汉语读写教材单独使用。

三、把阅读和写作结合起来。通过范文的阅读、理解和练习，让学习者了解文章的内容和结构，再通过设定的写作练习，让学习者模仿相关文章进行写作。

四、吸收任务型教学理念，将任务引入写作中。把相关写作分解成较小的写作任务，并给出一些重要的词语和句式，要求学习者去使用。这样既可以让学习者完成相关的写作任务，也避免了写作时的任意性，从而把阅读和写作很好地结合起来，真正提高学习者的阅读能力和写作水平。

五、设置学习者互相批改作文的环节。作文互批有助于培养学习者的团结协作精神，同时让学习者吸收对方的长处，提高写作鉴赏能力。

本教材是一本阅读和写作相结合的综合性教材，内容很丰富，需要完成的任务也较多，建议每课至少用8个学时。为方便教师教学，具体建议如下：

一、生词

生词部分有的是用汉语解释的，有的配备了英语翻译，可以让学习者进行课前预习。生词讲解时，重点应放在词语的理解和使用上，为阅读后的写作做好准备。教材最后附词汇表，按音序排列，方便学习者查阅、检索词汇。

二、阅读文章

阅读部分由两篇文章组成，阅读量很充分。两篇文章围绕同一个话题，角度稍有不同，原则上要求学习者都要阅读，但考虑到学习者的水平以及课时等实际情况，教师也可选择其中一篇进行教学。

教师还可根据学习者的水平，把每篇分成若干部分进行教学；随着学习者阅读水平的提高，可逐渐过渡到整篇文章的学习。

三、练习

练习题型多样，有宏观的、概括性的，也有微观的、细节性的。建议阅读第一遍后，做一些宏观的练习；随着阅读遍数的增加或阅读的深入，再做一些微观的练习，以体现"由易到难"的原则。

四、写作

写作部分设有多个任务型写作。为了让学习者对写作任务有一个初步的了解，教材中专门设置了"热身活动"版块，正式开始写作前，可以让学习者回答或讨论其中的问题，之后引导其做任务练习，最后再转入"实战练习"。任务写作可根据学习者的水平进行选择。如果学习者的水平比较高，可要求完成所有写作任务；否则，可选择完成其中的1～2个。

"实战练习"中的"范文欣赏"是一个写作的模板，可视学习者的水平进行处理。

如果学习者水平比较高，可作为延伸阅读材料使用，让学习者课后阅读；如果学习者的水平不高，可在课堂上由教师引导阅读，然后再安排写作任务，以发挥其示范作用。

写作时，有学习者互相批改的环节，建议把水平不同的学习者搭配起来，以实现互批、互帮，共同进步。

五、配套资源

配套资源丰富，学习者可以通过扫描二维码获取本课课文及生词录音、练习题参考答案等，方便快捷。

教材中的阅读文章、写作范文主要取自报纸、杂志或网站，由编者进行必要的改写，在此对这些文章的作者表示诚挚的感谢！由于种种原因，有的文章暂时无法跟作者取得联系。希望这些作者看到教材后，及时与我们联系，我们会按照相关规定支付相应的报酬。

最后，感谢北京大学出版社的大力支持和帮助，感谢责任编辑的辛勤劳动和付出，教材从酝酿到付梓虽历经十年之久，但不足之处在所难免，恳请使用者提出宝贵的意见和建议。

杨德峰

目录

第 1 课　姓名的奥秘 …………………………………………………………… 1

　　阅读（一）我的名字有故事 …………………………………………………… 1

　　阅读（二）中国人的姓名 ……………………………………………………… 4

　　写　　作 ………………………………………………………………………… 7

第 2 课　环境与生活 ……………………………………………………………… 12

　　阅读（一）气温升六度，地球变地狱 ………………………………………… 12

　　阅读（二）拯救地球，你可以做什么？ ……………………………………… 15

　　写　　作 ………………………………………………………………………… 20

第 3 课　动物趣闻 ………………………………………………………………… 25

　　阅读（一）鸟类结婚的年龄 …………………………………………………… 25

　　阅读（二）动物也耍酒疯 ……………………………………………………… 29

　　写　　作 ………………………………………………………………………… 33

第 4 课　性格趣谈 ………………………………………………………………… 38

　　阅读（一）差一点儿先生 ……………………………………………………… 38

　　阅读（二）各地问路之猜想 …………………………………………………… 41

　　写　　作 ………………………………………………………………………… 46

| 第5课 | 时代变迁 | 51 |

阅读（一）我的三个房客 ... 51

阅读（二）婚礼的变迁 ... 54

写　　作 ... 58

| 第6课 | 饮食文化 | 62 |

阅读（一）食物改变性格 ... 62

阅读（二）老百姓餐桌上的变化 ... 65

写　　作 ... 69

| 第7课 | 中国的风俗 | 73 |

阅读（一）南北饮酒习俗 ... 73

阅读（二）白族人的婚礼 ... 76

写　　作 ... 79

| 第8课 | 东西方文化的差异 | 84 |

阅读（一）东西方"礼"俗不同 ... 84

阅读（二）小动作，大学问 ... 87

写　　作 ... 89

词汇表 ... 94

第 1 课 姓名的奥秘

配套资源

阅读（一）

你知道在中国孩子的名字一般由谁来取吗？中国人取名有什么讲究¹？

我的名字有故事

我爷爷是个知识分子²，他对取名可是很讲究的。

爷爷有两儿一女，大伯叫刘浪，爸爸叫刘滔，姑姑叫刘沙，三个名字连起来，就是"浪滔沙"。爷爷说，希望三个孩子能搏击³风浪⁴，奋斗出一片属于自己的天地⁵。果然，大伯、爸爸、姑姑都没让爷爷失望，他们靠自己的努力，在事业上取得了成功。

妈妈还没怀孕时，爷爷就给我们这代取好了名字。爷爷希望国家永远繁荣昌盛⁶，就选中了"昌"字，拼⁷了"君良臣"三个字。所以，大伯家的堂哥叫刘昌君，我呢，就叫刘昌良了。但是，刘昌臣这个名字到现在都还没用上，因为他还没出生呢！

刘昌良的意思是繁荣昌盛、金玉良缘⁸，

---

1. 讲究（名，形）jiǎngjiu: 值得注意的内容；要求高，追求精美。attontion; exquisite
2. 知识分子 zhīshi fènzǐ: 读过很多书的人。the intelligentsia
3. 搏击（动）bójī: 搏斗、冲击。to fight with hands
4. 风浪（名）fēnglàng: 水面上的风和波浪，比喻危险的情况。wind and waves, hardships and dangers
5. 天地（名）tiāndì: 天和地；指人们的活动范围。heaven and earth; scope of activity
6. 昌盛（形）chāngshèng: 兴盛。prosperous
7. 拼（动）pīn: 把相关的东西放在一起。to put together
8. 金玉良缘 jīnyù-liángyuán: 美好的姻缘。the nice fate brings lovers together

有男子汉⁹气概，但我的小名，简直¹⁰就是女孩子的名字——刘芳。小时候我有点儿奇怪，为什么叫这个名字？等我长大了，爷爷才告诉我："刘芳与'流芳'谐音¹¹，是从'流芳百世¹²'来的，爷爷希望你成为一个有作为的人，以后名字永远留在人们心中。"

虽然我的名字很普通，但却也闹过几次小笑话。去医院看病，大夫把我的名字写成了"刘冒良"，让我哭笑不得¹³；外地的淘气¹⁴表妹，n、l不分，每次我惹她生气了，她就大声地喊"牛昌娘"，逗得全家人都笑痛了肚子。

不管怎么说，我非常喜欢我的名字，我下决心要好好学习，不辜负¹⁵家人的希望。

（选自《快乐语文》2008年第3期，原题《我的姓名有故事》，刘昌良，有改动）

9. 男子汉（名）nánzǐhàn: 有作为、有志气的男子。real man
10. 简直（副）jiǎnzhí: 表示完全如此。simply; at all
11. 谐音（动）xiéyīn: 字、词的音相同或相近。to have a similar pronunciation
12. 流芳百世 liúfāng-bǎishì: 好的名声永远流传下去。to leave a good name forever
13. 哭笑不得 kūxiào-bùdé: 不知道是哭还是笑。to be at a loss whether to cry or to laugh
14. 淘气（形）táoqì: 爱玩儿，不听话。naughty
15. 辜负（动）gūfù: 对不住（别人的好意、期望或帮助）。to let down

练习 Exercises

一　根据文章内容，把下面相关的词语用线连起来

"我"　　　　刘沙
大伯　　　　刘昌良
爸爸　　　　刘昌君
姑姑　　　　刘浪
堂哥　　　　刘滔

第1课　姓名的奥秘

二　根据文章内容，回答问题

1. 爷爷为什么对取名很讲究？
2. "浪淘沙"是什么意思？
3. "昌"是什么意思？
4. 刘昌良和刘芳是兄妹吗？
5. 刘昌良和刘芳这两个名字有什么含义？
6. 刘昌良因为名字闹过什么笑话？

三　根据文章内容，选择正确答案

1. 爷爷的三个孩子从大到小的顺序是_____。
   A. 刘浪、刘淘、刘沙
   B. 刘淘、刘浪、刘沙
   C. 刘浪、刘沙、刘淘

2. 爷爷说，希望三个孩子能搏击风浪，奋斗出一片属于自己的天地。
   这句话的意思是_____。
   A. 爷爷希望三个孩子去海上工作
   B. 爷爷希望三个孩子克服困难，获得事业上的成功
   C. 爷爷希望三个孩子能战胜风浪

3. 但我的小名，简直就是女孩子的名字——刘芳。
   这句话的意思是_____。
   A. 我是女孩子
   B. 刘芳是女孩子
   C. 我的小名有点儿像女孩子的名字

4. 小时候，我有点儿奇怪，为什么叫这个名字？
   这句话的意思是_____。
   A. 小时候，我不喜欢我的名字
   B. 小时候，我不明白我的名字是什么意思
   C. 小时候，我长得有点儿奇怪

3

四 根据文章内容，写出下面词语的感情色彩（褒义、贬义）

搏击风浪（　　）　　金玉良缘（　　）　　流芳百世（　　）
哭笑不得（　　）　　繁荣昌盛（　　）

五 假如你的姐姐怀孕了，请你帮她的孩子取一个中文名字（男孩儿名或女孩儿名），并说明理由。两人一组，先讨论取什么名字，再说出取这个名字的理由，最后一起写一小段话，尽量使用下面的词语

讲究　　谐音　　辜负　　拼在一起　　男子汉

....
....
....

阅读（二）

中国人的姓是怎么来的？名字有什么意思和特点？

中国人的姓名

中国人的姓产生在母系氏族[1]社会，那时候，人们以母亲为中心组成[2]一个个的氏族，姓就是区别[3]不同氏族的标志[4]。姓的来源[5]，大概有以下几种情况：1. 以母亲的名为姓，例如姜、姚等；2. 以古代人们崇拜[6]的动物为姓，例如马、牛、羊、龙等；3. 以祖先[7]的国家为姓，例如赵、宋、秦等；

1. 氏族（名）shìzú: clan
2. 组成（动）zǔchéng: to form; to compose
3. 区别（动）qūbié: 找出不同的地方。to distinguish
4. 标志（名）biāozhì: sign; symbol
5. 来源（名）láiyuán: origin; source
6. 崇拜（动）chóngbài: to worship
7. 祖先（名）zǔxiān: ancestor

第1课　姓名的奥秘

4. 以祖先的官职[8]为姓，例如司马、司徒等；
5. 以祖先的爵位[9]为姓，例如王、侯等；
6. 以房子的方向和景物[10]为姓，例如西门、池、柳等；7. 以职业[11]为姓，例如做陶器[12]的人姓陶；8. 以祖先的名号为姓，例如齐子高的孙子后来姓高。

中国人的姓分单姓和复姓，一个字的是单姓，两个或两个字以上的是复姓。《百家姓》中有500多个姓，其中复姓有100多个。张、王、李、赵、刘等是中国最常见[13]的单姓，司徒、司马等是最常见的复姓。

中国人的名字往往有一定的含义：有的名字中包含[14]着出生的地点、时间或自然现象[15]，例如"京""晨""冬""雪"等；有的名字中有表示希望具有[16]某种品德[17]的字，例如"忠""礼""信"等；有的名字中有表示健康、长寿[18]、幸福的字，例如"健""寿""福"等。

给男孩儿和女孩儿起名时用的字不一样：男孩儿的名字多用表示威武[19]、勇敢的字，像"虎""龙""雄""伟""刚""强"等；女孩儿的名字常用表示温柔[20]美丽的字，比如说"芬""花""玉""彩""静"等。

（选自"中国侨网"，有改动）

---

8. 官职（名）guānzhí: official position
9. 爵位（名）juéwèi: title of nobility
10. 景物（名）jǐngwù: scenery
11. 职业（名）zhíyè: occupation
12. 陶器（名）táoqì: pottery

13. 常见（形）chángjiàn: often to see; common

14. 包含（动）bāohán: to include
15. 现象（名）xiànxiàng: phenomenon
16. 具有（动）jùyǒu: 有。to possess; to have
17. 品德（名）pǐndé: moral character
18. 长寿（形）chángshòu: 活很长时间。longevous

19. 威武（形）wēiwǔ: 多形容男性强大，有力量。mighty; powerful

20. 温柔（形）wēnróu: 多形容女性温顺，柔和。tender

练习 Exercises

一 根据文章内容，回答问题

1. 第一段讲的是什么？
2. 第二段讲的是什么？
3. 第三段讲的是什么？
4. 第四段讲的是什么？

二 根据文章内容，选择正确答案

1. 下面的复姓中，以官职为姓的是_____。
   A. 东郭　　　　B. 西门　　　　C. 令狐　　　　D. 司马

2. "柳"以_____为姓。
   A. 祖先的爵位　B. 景物　　　　C. 祖先的国家　D. 职业

3. "赵"以_____为姓。
   A. 母亲的名　　　　　　　　　B. 古代人们崇拜的动物
   C. 祖先的国家　　　　　　　　D. 房子的方向

4. 下面哪个名字表示出生的时间？_____
   A. 柳京　　　　B. 张刚　　　　C. 王秋　　　　D. 赵伟

5. 下面哪个名字有表示希望健康的意思？_____
   A. 张健　　　　B. 刘强　　　　C. 李晨　　　　D. 马静

6. 下面哪个最有可能是男孩儿的名字？_____
   A. 司马彩　　　B. 西门静　　　C. 刘雄　　　　D. 宋玉雪

7. 下面哪个最有可能是女孩儿的名字？_____
   A. 李龙　　　　B. 池健　　　　C. 司马富强　　D. 刘静

三 根据文章内容，判断正误

☐ 1. 中国人的姓产生于母系氏族社会，分为单姓和复姓。
☐ 2. "龙"是古代人们崇拜的动物。
☐ 3. "西门"以职业为姓。

第 1 课　　姓名的奥秘

☐ 4. 中国人的复姓没有单姓多。
☐ 5. 中国最常见的姓是陈、王、李、赵、宋、司徒、司马。
☐ 6. 名字中的"冬"可能表示出生时的自然现象。
☐ 7. 名字中的"信"可能表示幸福的愿望。

写　作

一　热身活动

和你的同伴聊一聊：你的名字是谁取的？有什么意思？你们国家男孩儿的名字有什么特点？女孩儿的名字呢？

二　写作任务

[任务 1] 名字的介绍

学一学

有用的词语和句式	例句
叫	大伯家的堂哥叫刘昌君，我叫刘昌良。
给……取名字	妈妈还没怀孕时，爷爷就给我们取好了名字。 他喜欢给别人的孩子取名字。
名字是……取的 给……取名叫……	我的名字是我爸爸取的。 妈妈给小弟取名叫志强。
意思是……	刘昌良的意思是繁荣昌盛、金玉良缘。 "Blue"的中文意思是蓝色。
希望	我的父母希望我每天都过得很快乐，所以给我取名叫乐乐。
简直	我的小名，简直就是女孩子的名字。 我小时候简直跟男孩子一样。

> 练一练

两人一组,互相采访,用指定的词语和句式记录下来,并整理成一篇短文,之后念给对方听。

名字是……取的　　意思是……　　希望　　讲究　　辜负

1. 你叫什么名字?是谁给你取的?

2. 这个名字有什么意思?

3. 给你取名的人希望你以后怎么样?

4. 你还有别的名字吗?是谁取的?有什么意思?

[任务2] 名字的故事

> 学一学

有用的词语和句式	例句
关于……	关于我的名字,还有一个故事呢。 关于我的小名,闹过不少笑话。
……以后	妈妈怀孕以后,全家人开始给我取名。 上学以后,家人就不叫我的小名了。
那是……的时候	那是我刚开始学写字的时候,总是把"鹏"写成"朋鸟",所以我的同学常叫我刘朋鸟。
闹笑话	虽然我的名字很普通,但也闹过几次小笑话。

第 1 课　　姓名的奥秘

练一练

用表格中的词语和句式写一写关于你名字的故事。要写清楚下面几个问题：
（1）那是什么时候的事？
（2）故事是在哪儿发生的？
（3）故事是怎样发生的？
（4）这件事发生以后你有什么想法？

....

....

....

....

....

[任务 3] 你们国家人名的特点

学一学

有用的词语和句式	例句
具有……的特点 / 意思	中国人具有热情好客的特点。 刘昌良具有繁荣昌盛、金玉良缘的意思。
表示	女孩儿的名字常用表示温柔、美丽的字。
一般	我们一般可以从名字上判断出是男性还是女性。

练一练

用表格中的词语和句式以及下面的提示词语，和同伴聊一聊你们国家人名的特点，男孩儿的名字和女孩儿的名字有什么不同。

男子汉　　谐音　　职业　　品德　　威武　　祖先　　温柔　　常见

人名的特点：...

....

男孩儿名字的特点：..
....

女孩儿名字的特点：..
....

三 实战练习

1. 范文欣赏

> 我叫刘玉林。在我妈妈怀孕的时候，家人就开始给我取名字。我爸爸姓刘，我妈妈姓林，"玉"是"与"的谐音，刘玉林的意思就是我是我爸爸与我妈妈的孩子。爸爸说希望我有他们两个人的优点：如果是男孩儿，就像爸爸一样魁梧，像妈妈一样善良；如果是女孩儿，长相像妈妈，脾气像爸爸。总之，他们希望我是一个完美的人。
>
> 因为爸爸给我取的名字中有一个"玉"字，而"玉"字带有很浓的女孩儿味儿，所以就闹出许多笑话来。高中入学时，老师直接把我分到了女生宿舍；和一个同性别的朋友共同在贺卡上签名祝贺别人生日，被当成是"一对儿"；上大学时，因为和班上一个女生同名同姓，被叫作"刘玉林男"，后来有同学觉得四个字太长，就给我取了一个小名叫"林男"。
>
> 在中国，人们的名字往往有一定的意思，而且男孩儿和女孩儿起名时用的字也不一样，男孩儿的名字一般具有男子汉气概，女孩儿的名字常用表示温柔、美丽的字。如果男孩子有女孩子一样的名字，就会像我一样闹不少笑话。

2. 完成初稿

你的朋友对你们国家的姓名文化很感兴趣，你会怎么向他/她介绍？请写一篇400字左右的作文。你可以从以下几个方面来写：

第 1 课　姓名的奥秘

（1）你或你认识的人的名字，有什么意思，怎么来的；

（2）关于名字的故事；

（3）你们国家人名的特点。

参考词语和句式：

> 叫　给……取名字　希望　意思是……　关于……
> 闹笑话　表示　一般　具有……的特点 / 意思

3. 修改

（1）自己修改

　　① 标出"学一学"中提到的词语和句式。

　　② 标出自己没有把握的地方。

（2）交换修改

　　① 检查同学的作文，并注意下面的问题：

　　A. 有没有你看不懂的地方？如果有，问一下同学是什么意思。

　　B. "学一学"中提到的词语和句式用了几个？都用对了吗？如果不对，要怎么修改？

　　C. 有没有写错的词语？标点符号都用对了吗？

　　D. 同学没有把握的句子你觉得对不对？如果不对，要怎么修改？

　　② 同学的作文中哪些句子写得好？试着在自己的作文里用上类似的句子。

四　定稿

请把修改后的作文写在作文纸上。

第 2 课 环境与生活

配套资源

阅读（一）

我们生活的地球正在发生着哪些变化？如果气温一直升高，人类还能生存[1]吗？

气温升六度　地球变地狱

全球变暖已成为事实，这一气候现象将直接威胁[2]到人类的生存与发展。世界著名科普作家马克·林纳斯在对数千份科学报告进行深入研究后，写了一部书，讲全球变暖带来的危害，第一次向世界系统地讲述了气温上升6度后全球将面临[3]的灾难[4]。

如果全球气温上升1度的话，被称为"美国的大粮仓"的内布拉斯加州将重新变回沙漠，而撒哈拉沙漠可能会变得湿润[5]起来，成为肥沃[6]的草原。

气温上升2度，意味着[7]格陵兰岛的冰将彻底融化[8]，南极和北极的冰块融化，从而使得全球海洋的水平面[9]上升7米；全球的食物，尤其是热带[10]地区的食物将会大受影响；三分之一的动植物种群会因为天气的

---

1. 生存（动）shēngcún: 保存生命；活在世上。to survive
2. 威胁（动）wēixié: 使……面临危险。to endanger
3. 面临（动）miànlín: 面对。to face
4. 灾难（名）zāinàn: 使人的生命受到威胁的严重的损害。calamity; disaster
5. 湿润（形）shīrùn: 土、空气等含水较多。moist
6. 肥沃（形）féiwò: 有适合植物生长的养分、水分的。fertile
7. 意味着（动）yìwèizhe: 代表着某种意思。to mean; to imply
8. 融化（动）rónghuà: （冰、雪等）变成水。to melt
9. 水平面（名）shuǐpíngmiàn: water level
10. 热带（名）rèdài: the tropics

变化而灭绝[11]。

气温上升3度是地球的一个重大"转折[12]点",因为地球气温一旦[13]上升3度,那么就意味着全球变暖的趋势[14]将彻底失去控制,人类再也没办法介入[15]地球气温的变化。

气温上升4度,对于地球的大部分地区来说都是灾难。三分之一的生物会灭绝,人类口粮[16]受到影响。南极西部地区的冰盖[17]将与大陆脱离,最后海平面上涨[18],从而使得全球的沿海[19]地区再一次被海水淹没。

一旦全球气温上升5~6度,绿色阔叶林[20]将在加拿大北极圈出现,南极也会有类似的情景。然而,由于陆地[21]大部分被淹没,动植物无法适应新的环境,95%的物种会灭绝,地球将面临彻底的灾难。

(选自《青年文摘》2007年第9期,原题《气温升高六度,地球变地狱》,川川,有改动。)

11. 灭绝(动)mièjué: 完全灭亡。to be extinct
12. 转折(动)zhuǎnzhé: 转变,改变。to make a turn in the course of events
13. 一旦(副)yídàn: 有一天。in case; once
14. 趋势(名)qūshì: 事物发展的方向。trend direction; tendency
15. 介入(动)jièrù: 进入事件之中进行干预。to intervene; to get involved
16. 口粮(名)kǒuliáng: 指日常生活需要的粮食。provisions; grain ration
17. 冰盖(名)bīnggài: ice sheet; ice cover
18. 上涨(动)shàngzhǎng: 上升。to rise; to go up
19. 沿海(名)yánhǎi: 靠近海的陆地。coastal; along the coast
20. 阔叶林(名)kuòyèlín: broad-leaved forest
21. 陆地(名)lùdì: land

练习 Exercises

一 根据文章内容连线

1. 气温上升 1 度   A. 全球变暖的趋势将彻底失去控制
2. 气温上升 2 度   B. 绿色阔叶林长到南北极，95% 的物种灭绝
3. 气温上升 3 度   C. 美国的"粮仓"变沙漠，撒哈拉沙漠成为草原
4. 气温上升 4 度   D. 极地冰块融化，海洋水平面上升 7 米
5. 气温上升 5～6 度   E. 人类口粮受到影响

二 根据文章内容，判断正误

☐ 1. 格陵兰岛的冰彻底融化将使海洋的水平面上升 7 米。
☐ 2. 气温上升 2 度，三分之一的动植物会灭绝。
☐ 3. 气温上升 3 度以后，地球就会失去控制。
☐ 4. 现在在加拿大北极圈没有绿树。
☐ 5. 气温上升 5～6 度地球将面临彻底的灾难。

三 在括号中填上适当的词语

    气温上升 2 度，意味着格陵兰岛的冰将彻底融化，南极和北极的冰块融化，（　　）使得全球海洋的水平面上升 7 米；全球的食物，（　　）是热带地区的食物将会大受影响；三分之一的动植物种群会（　　）天气的变化（　　）灭绝。

    （　　）全球气温上升 5～6 度，绿色阔叶林将在加拿大北极圈出现，南极（　　）会有类似的情景。（　　），（　　）陆地大部分被淹没，动植物无法适应新的环境，95% 的物种会灭绝，地球将面临彻底的灾难。

四 动手查找一些资料，尝试回答下面的问题

1. 你觉得气温每升高 1 度，除了文章中提到的危害以外还有什么危害？

第 2 课　环境与生活

气温升高	动物的变化	植物的变化	人类的变化	其他
1 度				
2 度				
3 度				
4 度				
5～6 度				

2. 除了全球变暖会影响我们的生存以外，还有哪些环境问题会影响我们的生活？

....

....

....

阅读（二）

当地球面临危机时，为了拯救[1]地球，我们能做什么？

拯救地球，你可以做什么？

联合国开发计划署负责人提醒[2]人们："当资源都被用光的时候，人类也就不存在了。"日常生活中，我们每个人都可以为保

1. 拯救（动）zhěngjiù：帮助人或动物等，使其脱离危险。to rescue; to save
2. 提醒（动）tíxǐng：说出来引起注意。to remind; to warn

15

护环境做一些简单的事。英国《卫报》(The Guardian)介绍了很多拯救地球的简单做法，下面就是其中的一部分。

1. 用布来包装³礼物，布可以重复利用，而且比纸和塑料⁴更漂亮。

2. 把家里的墙壁⁵刷成浅色，这样可以少用一些人造光。

3. 根据统计⁶，电视机、电冰箱、洗衣机等家电⁷产品在等待使用状态时所消耗⁸的电力⁹，占家庭总用电量的15%左右，因此，在不用这些家电时，要拔下插头¹⁰。

4. 当你买家电的时候，选择节能¹¹的家电。

5. 购买小型日光灯¹²，它们的使用寿命¹³是一般灯泡的8倍，而且消耗的电力很少。

6. 购买当地产品，或者最好是自己种的食物，这样能源不会浪费在运输上。

7. 尽量不坐飞机，飞机产生的人均¹⁴二氧化碳¹⁵是火车的3倍。

3. 包装（动）bāozhuāng: 把商品用纸、塑料等包起来。to wrap; to package
4. 塑料（名）sùliào: plastic
5. 墙壁（名）qiángbì: wall
6. 统计（动）tǒngjì: 指对某些相关的数据进行的搜集、整理、计算和分析等。statistics
7. 家电（名）jiādiàn: 家庭使用的电器。household electrical appliances
8. 消耗（动）xiāohào: 因使用而逐渐减少。to consume; to use up
9. 电力（名）diànlì: electric power
10. 插头（名）chātóu: plug
11. 节能（动）jiénéng: to economize on energy
12. 日光灯（名）rìguāngdēng: daylight lamp
13. 寿命（名）shòumìng: 人的生命或物品可使用的最长时间。lifespan; life
14. 人均（动）rénjūn: 每人平均。per person
15. 二氧化碳（名）èryǎnghuàtàn: carbon dioxide

第 2 课　环境与生活

8. 放慢开车速度，每小时 80 公里比每小时 110 公里节省 25% 的燃料[16]，选择乘公交车或骑自行车更好。

9. 回收汽车油箱[17]中的剩油，因为里面含有污染环境的物质。

10. 经常清洁冰箱背面，布满[18]灰尘的线圈会多消耗 30% 的电力。

11. 请朋友到家里吃饭，尽量购买大包装食物，同量的食物，大包装比单独[19]小包装用的包装材料少。

12. 少购物，这样可以节省时间和金钱，也就挽救了地球。

（选自《东西南北》2005 年第 1 期，有改动）

16. 燃料（名）ránliào: fuel

17. 油箱（名）yóuxiāng: gasoline tank

18. 布满（动）bùmǎn: 到处都是。to be covered

19. 单独（副）dāndú: 不跟别的在一起。alone; seperately

练习　Exercises

一　根据文章内容，完成表格

做法	原因
用布包装礼物	
家电不用时，拔下插头	
购买小型日光灯	
尽量不坐飞机	
回收汽车油箱中的剩油	
少购物	

二 根据文章内容，回答问题

1. 为什么要把家里的墙壁刷成浅色？
2. 为什么要尽量购买当地生产的食物？
3. 开车速度快慢对环境有什么影响？
4. 经常清洁冰箱的背面有什么作用？
5. 请朋友吃饭应该怎么做？

三 除了文章中提到的这些做法，你觉得还有哪些做法？可以和同学一起讨论，请想出至少 5 种做法

1. ....
2. ....
3. ....
4. ....
5. ....

四 根据下面的内容，调查一下你的同学或朋友，问问他们是怎么做的

1. 你平时用什么包装礼物？
   A. 布　　　　　B. 纸　　　　　C. 塑料　　　　　D. 其他

2. 你家里的墙壁是什么颜色的？
   A. 浅色　　　　B. 深色　　　　C. 不深不浅　　　D. 深色、浅色都有

3. 家里的电视机、电冰箱、洗衣机等不用的时候会拔下插头来吗？
   A. 总是　　　　B. 经常　　　　C. 偶尔　　　　　D. 从不

4. 买家电的时候，你会选择节能的家电吗？
   A. 总是　　　　B. 经常　　　　C. 偶尔　　　　　D. 从不

5. 家里一般买什么样的灯？
   A. 小型日光灯　B. 中型日光灯　C. 普通灯泡　　　D. LED 灯

第 2 课　环境与生活

6. 你常吃的食品是从哪里来的？
　　A. 外地　　　　　　B. 当地　　　　　　C. 自己种的　　　　D. 不知道

7. 你去外地，一般选择什么样的交通工具？
　　A. 飞机　　　　　　B. 火车　　　　　　C. 船　　　　　　　D. 汽车

8. 你平时出门一般使用哪种交通工具？
　　A. 公交车或地铁　　B. 自行车　　　　　C. 走路　　　　　　D. 私家车

9. 你如果开车，速度是多少？
　　A. 每小时 50 公里　　　　　　　　　　　B. 每小时 80 公里
　　C. 每小时 100 公里　　　　　　　　　　 D. 其他

10. 家里多久清洁一次冰箱背面？
　　A. 经常　　　　　　B. 一个月　　　　　C. 半年或更长　　　D. 从不

11. 你请朋友来吃饭，会买什么包装的食物？
　　A. 大包装的　　　　B. 单独小包装的　　C. 大小包装都有　　D. 散装的

12. 你多长时间购一次物？
　　A. 一个星期　　　　B. 一个月　　　　　C. 半年　　　　　　D. 其他

统计一下你的调查结果，写一个简单的报告

请使用指定的词语：提醒　挽救　统计　消耗　节能　二氧化碳

写　作

一　热身活动

图片上你看到了什么？他们这样做环保吗？你觉得怎么做比较好？

二　写作任务

[任务 1] 不注意保护环境的情况

学一学

有用的词语和句式	例句
污染	现在空气污染比以前严重多了。
越来越……	城市人口越来越多。
受影响	如果全球气温上升，所有的生物都会受影响。
变得/变成……	城市变得越来越拥挤。 如果气温上升1度，撒哈拉沙漠就会变成草原。
浪费	资源浪费的情况很常见。

练一练

两人一组，使用表格中的词语和句式跟同伴谈一谈生活中不注意保护环境的情况。

....

....

....

....

....

[任务 2] 保护环境的做法

学一学

有用的词语和句式	例句
与……不同的是	与他不同的是，我喜欢自己做饭。
一般来说	一般来说，我很少坐出租车。
从来不……	我从来不坐飞机。
就拿……来说	就拿我来说，我差不多半个月去逛一次街。

练一练

请用表格中的词语和句式，说一说你是怎么保护环境的。

....

....

....

....
....

[任务 3] 呼吁大家保护环境

学一学

有用的词语和句式	例句
其实	其实我们每个人都愿意帮助你。
从……做起	保护环境，从小事做起，从身边事做起。
至少	想进北京大学学习，汉语水平至少要达到HSK5级。
比方说	和不同的人聊天儿要说不同的话题，比方说，和老人聊天儿最好聊天气、健康，和年轻人聊天儿可以聊运动、旅游等。

练一练

如果让你的家人或朋友一起来为保护环境做一些事，你打算怎么跟他们说？用表格中的词语和句式写一段话。

....
....
....
....
....

三 实战练习

1. 范文欣赏

在社会快速发展的同时,我们的生活环境也发生着一些变化。城市的交通越来越发达,道路却变得越来越拥挤,空气污染也越来越严重,人们的生活质量受到了很大的影响。人口越来越多,资源越来越少,但是浪费现象却非常普遍。地球的温度在慢慢地升高,全球面临着灾难也不再只是吓人的说法。

也许大家都意识到了保护环境的重要性,可是日常生活中我们做到了吗?很多人跟我一样,每天骑自行车上班,但是还有相当多的人与我们不同,他们自己开车或打车去上班,虽然节省时间,但是既耗油又污染空气。夏天有空调的房间,温度一般都在26度以下,这样既费电又对身体不好。大部分人从来不自己做饭,就拿我来说,平时没时间做,周末一个人在家又不想做,而外卖使用的包装大多是一次性的,浪费资源又污染环境。去外地旅行或出差的时候,大多数人选择坐飞机,因为在他们看来,飞机是最方便的交通工具,可是飞机却比别的交通工具更污染空气。

其实,保护环境每个人都可以出力,我们可以从身边的小事做起。就拿交通工具来说,去比较近的地方最好骑自行车、走路或坐公交车、地铁,而不要开车或打车;去外地时,最好坐火车,因为飞机产生的人均二氧化碳是火车的3倍。当然,除了这些,还有很多方面,比方说,用布包装礼物、家电不用时拔下插头、少购物等。

2. 完成初稿

如果你是环境保护协会的成员,怎么让你身边的人和你一起保护环境?请写一篇500字左右的作文,可以从以下几个方面来写:

(1)现在自然环境中存在的一些问题,以及面临的危机;
(2)我们日常生活中可以保护环境的一些简单做法;
(3)建议大家都来为保护环境做一些事情。

参考词语和句式：

> 越来越……　受影响　变得/变成……　浪费　污染　其实
> 从……做起　一般来说　从来不……　就拿……来说

3. 修改

（1）自己修改

① 标出"学一学"中提到的词语和句式。

② 标出自己没有把握的地方。

（2）交换修改

① 检查同学的作文，并注意下面的问题：

A. 有没有你看不懂的地方？如果有，问一下同学是什么意思。

B. "学一学"中提到的词语和句式用了几个？都用对了吗？如果不对，要怎么修改？

C. 有没有写错的词语？标点符号都用对了吗？

D. 同学没有把握的句子你觉得对不对？如果不对，要怎么修改？

② 同学的作文中哪些句子写得好？试着在自己的作文里写类似的句子。

四　定稿

请把修改后的作文写在作文纸上。

第3课 动物趣闻

阅读（一）

你知道鸟类什么时候结婚吗？鸟类选择异性有什么特点？它们的婚姻生活怎么样？

鸟类结婚的年龄

鸟类在什么年龄结婚，完全由它本身¹的重量、大小来决定。像黄莺²、麻雀³、燕子这类娇小的鸟儿，在出生后的第二年，马上就会建立自己的小家庭，接着就生孩子。相反，那些体形肥大的鸟类，结婚就比较晚。例如，有一种翅膀长达4米的信天翁⁴，8岁时依然过着自由自在的"单身汉"生活，一直到9岁或10岁时，才开始考虑自己的婚姻大事。鹳⁵的结婚年龄一般是四五岁，海燕6岁才娶⁶媳妇⁷。在整个鸟类世界中，结婚最晚的大概要算兀鹰⁸了，它到11岁时，还是光棍儿⁹一个。

结婚时，鸟类夫妻¹⁰的年龄也有差别。以山雀¹¹为例，有三分之一的雄雀喜欢娶比较年轻的雌¹²雀。结婚后，夫妻相互依

1. 本身（代）běnshēn: 自己，自身。self
2. 黄莺（名）huángyīng: yellow warbler; oriole
3. 麻雀（名）máquè: sparrow
4. 信天翁（名）xìntiānwēng: albatross; quakerbird
5. 鹳（名）guàn: marabou; stork
6. 娶（动）qǔ: 男人把女子接过来结婚。to marry
7. 媳妇（名）xífu: 妻子。wife
8. 兀鹰（名）wùyīng: buzzard
9. 光棍儿（名）guānggùnr: 没有妻子的男人。bachelor
10. 夫妻（名）fūqī: 丈夫和妻子。husband and wife
11. 山雀（名）shānquè: titmouse
12. 雌（形）cí: female

靠着过日子，婚姻比较稳定。不过，有的雌雀的年龄比雄雀大，这样的婚姻往往好景不长[13]，小两口儿[14]因为不能好好相处，常常吵架[15]，最后只得离婚了事。

与人类相似，离婚其实在鸟类夫妻中也是很常见的。例如，习惯于集群生活的海鸥[16]，每年春天都要从异乡返回旧地，另筑新巢[17]，成新家。去年刚刚结婚的小夫妻，今年就分道扬镳[18]了。

从各种观察研究的结果来看，有85%的"老夫老妻"彼此[19]相亲相爱。与其他年龄的鸟群相比，它们的家庭关系显得更稳定、更融洽[20]。这样的家庭，往往筑巢早、产蛋多，孵化[21]出来的小鸟儿活下来的比例也高。

（选自《森林与人类》1994年第2期，原题《鸟的结婚年龄》，向明，有改动）

13. 好景不长 hǎojǐng bù cháng：过好日子的时间很短。nice time doesn't last long
14. 小两口儿（名）xiǎoliǎngkǒur：指青年夫妻。young couple
15. 吵架 chǎo jià：争吵、打架。to quarrel; to fight
16. 海鸥（名）hǎi'ōu：sea mew
17. 筑巢 zhù cháo：修建鸟窝。to build nest
18. 分道扬镳 fēndào-yángbiāo：比喻因理想、目的不同而分开。to go different ways
19. 彼此（代）bǐcǐ：指你我、双方。each other; both parties
20. 融洽（形）róngqià：感情好。harmonious
21. 孵化（动）fūhuà：蛋在一定的温度和其他条件下变成小动物。to hatch

第 3 课　动物趣闻

练习　Exercises

一　根据文章内容，选择正确答案

1. 第一段主要介绍的是_____。
   A. 鸟类结婚的年龄　　B. 鸟类的身体重量　　C. 各种鸟

2. 第二段主要介绍的是_____。
   A. 鸟类和人类的关系　　B. 鸟类的离婚　　C. 鸟类夫妻的年龄

3. 第三段主要介绍的是_____。
   A. 海鸥夫妻　　B. 鸟类的离婚　　C. 海鸥的生活习惯

4. 第四段主要介绍的是_____。
   A. 鸟类夫妻的年龄与家庭稳定的关系
   B. 鸟类夫妻的关系
   C. 鸟类的生活习惯

二　根据文章内容，完成下面的练习

1. 根据这些鸟类结婚年龄的大小排序：信天翁、兀鹰、鹳、海燕。
   _____

2. 找出文章中与"结婚"意思相近的词语或短语。
   _____

   找出文章中与"结婚"意思相反的词语或短语。
   _____

3. 在文章中，没有结婚的叫作"_____"或者"_____"；刚结了婚的可以叫作"_____"或者"_____"。

三 根据文章内容，完成表格

方面	鸟类
结婚年龄的决定条件	
夫妻之间的年龄差别	
离婚情况	
"老夫老妻"的家庭特点	

四 选用下面的词语，简单复述一下这篇文章

重量　　决定　　光棍儿　　年龄　　差别　　稳定　　好景不长
离婚　　常见　　分道扬镳　　老夫老妻　　相亲相爱　　融洽

....

....

....

....

....

....

第3课　动物趣闻

阅读（二）

有些人喝醉以后会耍酒疯，或哭，或笑，或唱。动物醉酒以后会怎样呢？

动物也耍酒疯

人类对许多东西都会上瘾[1]，比如烟、酒等，这些东西让人或沉迷[2]，或疯狂[3]，或好斗。在动物世界里也有不少类似[4]的现象，有些动物也喜欢酒或含有酒精的食物，但和人喝醉酒后的表现不同，动物醉酒后，反应会更激烈，更让人害怕。

德国一位著名的旅行家在墨西哥旅行期间，曾养过一头熊，它就是个地道[5]的"酒鬼[6]"。有一次，旅行家带它去街上散步，路过一间酒馆，店内飘出了酒香，黑熊因此酒瘾大发，赖[7]着不肯走。旅行家只好带它进去喝了个痛快。谁知它喝足了倒下便睡，根本无视旅行家的存在，旅行家对它也无可奈何。

南非玛努拉树被称为"酒树"。大象最喜欢吃它的果子。大多数大象吃了这种果子就会大醉，找个地方去睡大觉。但也有少数大象因此大发酒疯：有的一屁股坐在游客的汽车上，有的找棵大树把它连根拔起[8]，还有的看见游客就追，场面[9]非常惊险[10]。

美国西部和墨西哥的农民最害怕他们的

---

1. 上瘾 shàng yǐn: 过分喜爱某种事物。to get addicted to
2. 沉迷（动）chénmí: 深深地迷恋某事物。to indulge; to be addicted to
3. 疯狂（形）fēngkuáng: 发疯的样子。crazy
4. 类似（动）lèisì: 差不多一样。similar
5. 地道（形）dìdao: 纯正的，真正的。pure; authentic
6. 酒鬼（名）jiǔguǐ: 特别喜欢喝酒的人。drinker; toper
7. 赖（动）lài: 留在某处不肯走开。to refuse to leave
8. 连根拔起 liángēnbáqǐ: 把根拔出来。to uproot
9. 场面（名）chǎngmiàn: 指一定场合下的情景。scene
10. 惊险（形）jīngxiǎn: 危险，使人紧张。thrilling; dangerous

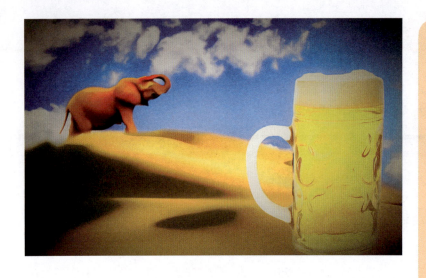

牛去吃一种名叫"疯草"的植物,因为牛一旦吃了它,几周后就会发疯。一开始,牛会变得很孤僻[11],不久之后,走起路来会摇摇晃晃。慢慢地,它们难以分辨[12]眼前的物体:有时直冲着电线杆[13]撞过去,有时却会高高跳起,以跨过一个小树枝。它们还变得十分好斗,如果有人走进农场[14],它们就会疯狂地冲过去。不仅如此,发疯的牛还会把正常的牛引到"疯草"附近,"怂恿[15]"它们品尝[16]"疯草"。

（选自《青少年科技博览（小学版）》2004年第10期,原题《动物"醉鬼"耍酒疯》,欧阳等,有改动）

11. 孤僻（形）gūpì: 性情孤独奇怪,难与人相处。unsociable and eccentric
12. 分辨（动）fēnbiàn: 把事物分清楚。to differentiate; to distinguish
13. 电线杆（名）diànxiàngān: wire pole
14. 农场（名）nóngchǎng: farm
15. 怂恿（动）sǒngyǒng: 鼓动别人去做（某事）。to instigate; to incite
16. 品尝（动）pǐncháng: 试着吃一下。to taste

第 3 课　动物趣闻

练习　Exercises

一　根据文章内容，完成表格

动物	事件发生的地方	醉的原因	醉后的表现
黑熊			倒下便睡
大象		吃"酒树"的果子	
牛	美国西部和墨西哥		

二　根据文章内容，回答问题

1. 跟"酒"有关的词语有哪些？

   酒鬼……………………………………………………………………………

2. 文章在写动物醉酒后用了哪些动词？

   黑熊：…………………………………………………………………………

   ……………………………………………………………………………………

   大象：…………………………………………………………………………

   ……………………………………………………………………………………

   牛：……………………………………………………………………………

   ……………………………………………………………………………………

3. 找出文章中你认为比较好的词语和句子，并说说为什么觉得好。

三 为下面各句中画线的词语选择正确的解释

1. 人类对许多东西都会上瘾，比如烟、酒等，这些东西让人或沉迷，或疯狂，或<u>好斗</u>。
   A. 喜欢打架　　　　B. 做游戏　　　　C. 好玩儿

2. 有一次，旅行家带它去街上散步，路过一间酒馆，店内飘出了酒香，黑熊因此酒瘾大<u>发</u>，赖着不肯走。
   A. 发现　　　　　　B. 开始出现　　　C. 变化

3. 谁知它喝足了倒下便睡，根本无视旅行家的存在，旅行家对它也<u>无可奈何</u>。
   A. 没有什么　　　　B. 生气　　　　　C. 没有办法

4. 大多数大象吃了这种果子就会大醉，找个地方去<u>睡大觉</u>。
   A. 睡觉姿势难看　　B. 睡很长时间　　C. 睡一会儿醒一会儿

四 在括号中填上适当的词语

农民最害怕他们的牛去吃一种名叫"疯草"的植物，（　　　）牛（　　　）吃了它，几周后就会发疯。一开始，牛会变得很孤僻，（　　　）之后，走起路来会摇摇晃晃。（　　　），它们难以分辨眼前的物体：（　　　）直冲着电线杆撞过去，有时却会高高跳起，（　　　）跨过一个小树枝。它们还变得十分好斗，（　　　）有人走进农场，它们就会疯狂地冲过去。（　　　）如此，发疯的牛（　　　）会把正常的牛引到"疯草"附近，"怂恿"它们品尝"疯草"。

五 说一说，写一写

1. 哪种动物发起酒疯来更可怕？为什么？

   ....
   ....

2. 人喝醉酒后有什么表现？动物喝醉酒后呢？二者有什么相同和不同的地方？

   ....
   ....

第3课　动物趣闻

写　作

一　热身活动

你最喜欢什么动物？为什么喜欢它？你听说过哪些动物趣事？

二　写作任务

[任务1] 动物身上发生的有趣故事

学一学

有用的词语和句式	例句
在……上	在电视上，我们看到了一个感人的故事。
（故事/事情）是这样的	事情是这样的：他以为王静喜欢他，于是就经常给她打电话。
有的……，有的……，还有的……	有少数大象因此大发酒疯：有的一屁股坐在游客的汽车上，有的找棵大树把它连根拔起，还有的看见游客就追。
有时……，有时……	它们难以分辨眼前的物体：有时直冲着电线杆撞过去，有时却会高高跳起，以跨过一个小树枝。

33

> 练一练

你听说过哪些关于动物的有趣故事?用表格中的词语和句式,跟你的同伴交流一下。

....

....

....

....

....

[任务 2] 比较人和动物的不同表现

> 学一学

有用的词语和句式	例句
类似	在动物世界里也有不少类似的现象。
……和……一样	他和我一样,不喜欢蛇。
跟……相比	跟中国人相比,韩国人更喜欢吃泡菜。
和……不同	和人喝醉酒后的表现不同,动物醉酒后,反应会更激烈,更令人害怕。

> 练一练

用表格中的词语和句式,比较一下人类和动物在某个方面的不同表现。

....

....

....

第 3 课　动物趣闻

....
....

[任务3] 对人和动物的行为进行评价

学一学

有用的词语和句式	例句
在……看来	在我看来，你这样做是不对的。
认为	他认为这是他应该得到的钱。
从……可以看出	从这件事可以看出，他是个好人。

练一练

用表格中的词语和句式，谈谈你对人和动物在某个方面表现的看法。

....
....
....
....

三　实战练习

1. 范文欣赏

　　我在网上看到一个关于大狗和小猫相互依靠着过日子的故事。故事是这样的，大狗叫"小虎"，是一只流浪狗。小猫叫"小花"，刚出生不久，很瘦，脸上有伤，非常怕人。半个月前，小虎流浪到小花旁边。从此，小虎就和那些有爱心的人一样开始照顾小花，有时把人们给的东西全给小花吃，有时让小花睡在它的背上，有时像爸爸一样背着小花到处流浪，相处得十分融洽。

　　和人类不同的是，这些动物尽管不是同类，却能相互照顾。与此相反，我们经常会在新闻上看到一些令人难以接受的行为，比如，有的人抛弃生病的小动物，有的人欺负弱小的动物，还有的人疯狂虐待小动物。当然，并不是所有人都这样，社会上更多的人不抛弃小动物，也不欺负小动物，但是也不会去帮助它们。

　　从这件小事可以看出，跟人类相比，有时动物更令人感动，更懂得相互帮助。动物的爱心，值得我们人类学习。在我看来，如果每个人都能去帮助这些小动物，那就不会有这么多的流浪动物了。有的人不帮助动物，可能是因为不喜欢动物或者没有把它们当作与人类平等的生命。因此，我认为要让所有人都来关心动物，必须先改变他们的想法，从关心身边的弱小生命开始。

2. 完成初稿

　　你看过哪些动物趣事？分享你喜欢的动物故事，并谈谈你的感受和看法。请写一篇500字左右的作文。建议从以下几个方面来写：

（1）描述一件发生在动物身上的有趣的故事；
（2）人类发生类似的事情时和动物的表现有什么不同？
（3）对于人和动物的不同表现，你有什么看法？

参考词语和句式：

> 在……上　有的……，有的……，还有的……　有时……，有时……
> 跟……相比　……和……一样/不同　从……可以看出　类似　认为

3. 修改

（1）自己修改

① 标出"学一学"中提到的词语和句式。

② 标出自己没有把握的地方。

（2）交换修改

① 检查同学的作文，并注意下面的问题：

A. 有没有你看不懂的地方？如果有，问一下同学是什么意思。

B. "学一学"中提到的词语和句式用了几个？都用对了吗？如果不对，要怎么修改？

C. 有没有写错的词语？标点符号都用对了吗？

D. 同学没有把握的句子你觉得对不对？如果不对，要怎么修改？

② 同学的作文中哪些句子写得好？试着在自己的作文里写类似的句子。

四 定稿

请把修改后的作文写在作文纸上。

第 4 课 性格趣谈

配套资源

阅读（一）

还记得差不多先生吗？差一点儿先生跟他有什么相同和不同的地方？

差一点儿先生

差一点儿先生18岁那年差一点儿考上了大学。虽然高考¹总分差了一大截²，不过，分摊³到每门功课上，其实只差了一点儿。差一点儿先生因此常常对人说："如果考上了大学，说不定⁴我现在就是世界有名的化学家了。"差一点儿先生差一点儿喜欢上化学，他常常想饭菜为什么放久了会变质⁵，这不就是化学吗？

差一点儿先生28岁那年差一点儿娶了一位漂亮、聪明、温柔的妻子。她经常从他家门前经过，差一点儿先生差一点儿就把那写了无数遍的纸条交给她了。差一点儿先生因此常常想：如果娶了那个女人做老婆⁶，自己从此不就过上幸福的生活了吗？

差一点儿先生38岁那年差一点儿发了财⁷。和他一起失业⁸的唐大牛自己开了厂，

1. 高考（名）gāokǎo: 高等学校招收新生的考试。college entrance exam
2. 截（量）jié: 段。a section
3. 分摊（动）fēntān: 分担。to share
4. 说不定（副）shuōbudìng: 有可能。maybe
5. 变质 biàn zhì: 食品变坏，不能吃了。to go bad
6. 老婆（名）lǎopo:〈口〉妻子。wife
7. 发财 fā cái: 获得大量钱财。to make a fortune
8. 失业 shī yè: 失去工作。to be unemployed

发了财。当初⁹，唐大牛找差一点儿先生一起办厂，可是，差一点儿先生根本看不上唐大牛。后来，差一点儿先生常说："差一点儿我就成了唐大牛的大股东¹⁰，那我不也发大财了吗？"差一点儿，差一点儿先生就发了。

差一点儿先生48岁那年差一点儿成了英雄¹¹。那是一个冬天，差一点儿先生在公园闲逛¹²，突然听到湖边传来救命¹³声。差一点儿先生跑了过去，看见一个女子¹⁴在冰冷¹⁵的湖水里拼命挣扎¹⁶。差一点儿先生想：如果自己的水性¹⁷好一点儿，如果天不是冷得要命，如果肯定没有什么危险，他会跳下去将水中的女子救上来的。正在差一点儿先生思考的时候，一个年轻人毫不犹豫¹⁸地跳了下去。女子被救上来了，那个人成了英雄。差一点儿先生激动地逢人就说："差一点儿自己就跳了下去，那不就成了英雄了？"真的，差一点儿，差一点儿先生就成英雄了。

很多次，差一点儿，差一点儿先生就改变了命运，可是，差一点儿先生似乎总是差了那么一点儿。所以，差一点儿先生只能经常叹气¹⁹，为什么我总是差一点儿呢？

（选自《青年文摘》2008年第7期，孙道荣，有改动）

9. 当初（名）dāngchū: 开始时。at the beginning
10. 股东（名）gǔdōng: stockholder
11. 英雄（名）yīngxióng: hero
12. 闲逛（动）xiánguàng: 随便走走。to idle about
13. 救命 jiù mìng: to help; to save sb's life
14. 女子（名）nǚzǐ: 女人。woman
15. 冰冷（形）bīnglěng: 像冰一样冷。ice-cold
16. 挣扎（动）zhēngzhá: 用力逃离危险。to struggle
17. 水性（名）shuǐxìng: 游泳的水平、能力。ability in swimming
18. 毫不犹豫 háo bù yóuyù: without the least hesitation
19. 叹气 tàn qì: 因心里不痛快而吐出长气，发出声音。to sigh

练习 Exercises

一 根据文章内容，完成表格

年龄	差一点儿做成的事	没做成的原因
18 岁		
28 岁		
38 岁		
48 岁		

二 为下面各句中画线的词语选择正确的解释

1. 差一点儿先生因此常常对人说："如果考上了大学，<u>说不定</u>我现在就是世界有名的化学家了。"
   A. 一定　　　　B. 有可能　　　　C. 不一定

2. 当初，唐大牛找差一点儿先生一起办厂，可是，差一点儿先生根本<u>看不上</u>唐大牛。
   A. 看不起　　　B. 不喜欢　　　　C. 不相信

3. 差一点儿，差一点儿先生就<u>发</u>了。
   A. 发现　　　　B. 发财　　　　　C. 发生

4. 差一点儿先生跑了过去，看见一个女子在冰冷的湖水里<u>拼命</u>挣扎。
   A. 打架　　　　B. 不要命　　　　C. 尽最大的力量

5. 差一点儿先生激动地<u>逢人就</u>说："差一点儿自己就跳了下去，那不就成了英雄了？"
   A. 遇见人就说　B. 对别人说　　　C. 在相逢的时候说

第 4 课　性格趣谈

三　在括号中填上适当的词语

　　差一点儿先生38岁那年差一点儿发了财。和他一起失业的唐大牛，自己开了厂，发了财。（　　），唐大牛找差一点儿先生一起办厂，（　　），差一点儿先生根本看不上唐大牛。（　　），差一点儿先生常说："差一点儿我（　　）成了唐大牛的大股东，（　　）我不也发大财了吗？"差一点儿，差一点儿先生（　　）发了。

四　猜一猜，差一点儿先生遇到下面的事情时会怎么做怎么说？

1. 在公交车上看到一个小偷儿在偷一位乘客的钱包，差一点儿先生……

2. 有人在差一点儿先生楼下的彩票站买了一张彩票，中了三千万。差一点儿先生听说后……

五　根据你的猜想，在括号中填上适当的句子

　　差一点儿先生经常对年轻的同事说："差一点儿我就当了干部，成为你的领导，你信不信？"
　　差一点儿先生经常对他的朋友说："你差一点儿就交不上我这个好朋友了，你信不信？"
　　差一点儿先生经常对他的妻子说："（　　　　　　　　　　　　）"
　　差一点儿先生经常对他的儿子说："（　　　　　　　　　　　　）"

阅读（二）

　　在中国，你向不同地方的人问路，会得到什么样的回答呢？你能从回答中看出他们的不同吗？

各地问路之猜想

中国有句俗话[1]，叫"一方水土养一方人[2]"。这话一点儿也不假，从不同地方的人如何指路，就能看出这一点。

在北京，拿着地址不知道怎么走，找人问路时，人们会向你围[3]过来，几张嘴一起为你出主意，还有人帮你计算走哪条路线最省钱也最省时间。如果你是外宾[4]的话，还会冲出几个英语很地道的老太太对你说："Can I help you?"

在东北，向一位东北大哥问路，这位大哥会笑呵呵地告诉你那地方挺远的，得坐公共汽车。于是，他帮你提着最大的行李，一直把你送到车站，并帮你买好车票。临走你向他道谢，他又笑呵呵地说："兄弟，不用客气，以后再来言语[5]一声，大哥请你吃饭。"

在内蒙古，车坏在茫茫[6]大草原上，好久才能看到一个骑马的牧民[7]经过。你问牧民最近的修理店在哪里，他说在好远的地方，天黑前是走不到的。于是，他请你来到他的帐篷[8]，让你先住一晚上，第二天再上路。他还为你准备了丰盛[9]的菜肴，杀了肥羊，煮了奶茶。吃饭的时候，他还唱着歌向你敬酒[10]。此后，你们成了兄弟，逢[11]年过节都会互相打电话问候。

1. 俗话（名）súhuà: 当地的习惯说法。common saying
2. 一方水土养一方人 yì fāng shuǐtǔ yǎng yì fāng rén: 一个地方的人有一个地方的特点。each place has its own way of supporting its own inhabitants
3. 围（动）wéi: to enclose
4. 外宾（名）wàibīn: 从国外来的客人。foreign guest
5. 言语（动）yányu: 说。to talk
6. 茫茫（形）mángmáng: 广阔深远。boundless
7. 牧民（名）mùmín: 牧区中以养牛、马、羊等为主要职业的人。herdsman
8. 帐篷（名）zhàngpeng: tent
9. 丰盛（形）fēngshèng: 丰富。rich; sumptuous
10. 敬酒 jìng jiǔ: 有礼貌地劝人喝酒。to propose a toast
11. 逢（动）féng: to encounter with

第4课　性格趣谈

在上海，拿着地址向一位衣着高贵¹²的中年妇人¹³问路，她看着地址开始盘问¹⁴："你是哪里人啊？"你说："我是北方人。"她回："挺好的。"她又问你："你到这里干什么啊？"你说："出差¹⁵。"她又回："挺好的。"……聊了半天后，你着急地问她："您知道这个地方怎么走吗？"她骄傲地回答你："上海这么大，我也不可能全部都知道啊！"

在广东，刚下火车，你拦了一辆出租车，问道："大哥，这个地址你知道吗？"他连忙说："知道，上车吧。"结果，一会儿他便告诉你到了。你生气地说："为什么这么近你不告诉我？"司机委屈¹⁶地说："大哥，你长得这么富贵¹⁷，谈吐¹⁸又很有教养¹⁹，一看就是有钱人啦，我以为你不想走这一百米的路啦！"

（选自《羊城晚报》，冬絮，有改动）

12. 高贵（形）gāoguì: 非常贵重的。valuable; noble
13. 妇人（名）fùrén: 已经结婚的女人。married woman
14. 盘问（动）pánwèn: 不停地查问。to inquire; to interrogate
15. 出差 chū chāi: 工作人员去外地办理公事。to be on a business trip

16. 委屈（形）wěiqu: 受到不公平的指责而心里难过。to feel wronged
17. 富贵（形）fùguì: 有钱又有地位。rich and honorable
18. 谈吐（名）tántǔ: 指说话的措辞和态度。style of conversation
19. 教养（名）jiàoyǎng: 文化和品德方面的修养。upbringing

练习　Exercises

一　看图，猜一猜这个人是在什么地方问路

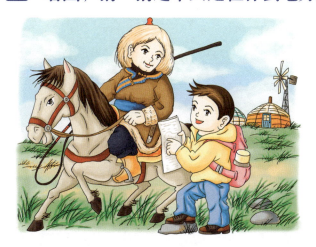
（　　）

（　　）

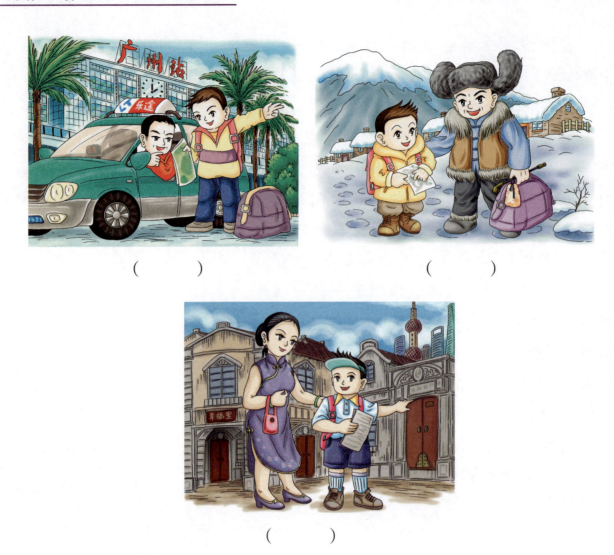

( )　　　　　　　　　( )

( )

二　根据文章内容，完成表格

问路的地方	问路的结果
北京	
东北	
内蒙古	
上海	
广东	

三 根据文章内容，选择正确答案

1. 第二段表明北京人_____。
   A. 热情　　　　　　　B. 麻烦　　　　　　　C. 喜欢热闹

2. 第三段表明东北人_____。
   A. 力气大　　　　　　B. 实在　　　　　　　C. 喜欢吃

3. 第四段表明内蒙古人_____。
   A. 好客　　　　　　　B. 喜欢吃　　　　　　C. 容易相信别人

4. 第五段表明上海人_____。
   A. 不喜欢聊天儿　　　B. 实在　　　　　　　C. 骄傲

5. 第六段表明广州人_____。
   A. 精明　　　　　　　B. 幽默　　　　　　　C. 有意思

四 为下面各句中画线的词语选择正确的解释

1. 兄弟，不用客气，以后再来言语一声，大哥请你吃饭。
   A. 语言　　　　　　　B. 说　　　　　　　　C. 喊

2. 他说在好远的地方，天黑前是走不到的。
   A. 很远　　　　　　　B. 不远　　　　　　　C. 很好很远

3. 在上海，拿着地址问一位衣着高贵的中年妇人，她看着地址开始盘问："你是哪里人啊？"
   A. 把头发盘起来问　　B. 请教　　　　　　　C. 不停地查问

4. 司机委屈地说："大哥，你长得这么富贵，谈吐又很有教养，一看就是有钱人啦，我以为你不想走这一百米的路啦！"
   A. 不好意思　　　　　B. 难过　　　　　　　C. 不公平

五 在括号中填上适当的词语

在内蒙古,车坏在茫茫大草原上,好久(　　)能看到一个骑马的牧民经过。你问牧民最近的修理店在哪里,他说在好远的地方,天黑前是走不到的。(　　),他请你来到他的帐篷,让你(　　)住一晚上,第二天(　　)上路。他还为你准备了丰盛的菜肴,杀了肥羊,煮了奶茶。吃饭的时候,他(　　)唱着歌向你敬酒。(　　),你们成了兄弟,逢年过节都会互相打电话问候。

六 两人一组,使用下列词语,说说自己在不同地方问路的经历,并讨论一下这些地方的人有什么特点

一方水土养一方人　　外宾　　言语　　高贵　　委屈

....
....
....

写 作

一 热身活动

你有几个中国朋友?与中国朋友交往的过程中,你发现他(她)有哪些特点?哪些你觉得难以接受?哪些你觉得非常好?

二 写作任务

[任务1] 对他人的评价

第 4 课　性格趣谈

学一学

说明的方面	有用的词语和句式	例句
表明观点	觉得……	我觉得这件事不应该这样做。
	认为……	他认为，所有的一切都是我的错。
	以为……	我以为你不想吃了，所以扔掉了。
评价女人	漂亮	她长得很漂亮。
	温柔	她性格很温柔。
评价男人	帅气	他长得很帅气。
	勇敢	从小他就很勇敢。

练一练

用学过的词语和句式，跟同伴说一说，你眼中的中国人是什么样的。

男人：..

....

女人：..

....

[任务 2] 事情发生的经过

学一学

有用的词语和句式	例句
……那年	9岁那年，我跟爸爸一起来中国旅游。
那是……	那是春天的一个傍晚，他在公园闲逛，突然听到前面有人大叫："抓小偷儿！"
正在……的时候	正在我急得快要哭了的时候，他出现了。
当初……	当初我想去中国留学，可是妈妈不同意。
于是……	他对我说今天不上课，于是我就直接回家了。
后来，……	后来，在老师的帮助下我能用汉语和别人聊天儿了。
最后，……	最后，我通过了考试。

练一练

你在中国有什么有趣或难忘的经历？当时发生了什么事情？通过这件事你怎么看中国人？在下面的横线上填上适当的词语或句子。

…………那年，………………………………………………。那是…………，……………………………………………………………………，………………………………………………。正在…………的时候，………………………………………………………………。于是，………………………………………………………………。后来，………………………………………………………………。最后，………………………………………………………………。

第4课　性格趣谈

三　实战练习

1. 范文欣赏

> 　　我知道中国功夫在全世界都很有名，外国人都知道 Jet Li（李连杰）和 Jackie Chan（成龙）。19 岁那年，我到了法国以后才知道，很多外国人以为每个中国人都应该会点儿功夫，否则就不是中国人。这得归功于中国的功夫电影。不要说那些没接触过中国人的外国人，就是我那帅气的外国男朋友也常以此和我开玩笑。有时在公园闲逛，他会突然跳到我身后说："Ice，你保护我，反正你会功夫。"弄得我哭笑不得。他和他的朋友也总是开玩笑："小心！你们可别欺负我，我的 Ice 是中国人，她会功夫。"还有一次，我的印象非常深刻。那是在一个朋友的生日晚会上，有一个法国人很认真地问我男朋友："你的 Ice 真的会功夫吗？"我正要说"不是"的时候，男朋友竟毫不犹豫地说："当然了，她是中国人。我都不敢不听她的话呢！她会用中国功夫打我的，而且，打完了还看不出来，是内伤呢！"那人当时还以为是真的，竖起大拇指来夸我厉害。后来，我们跑到屋外，笑得都快透不过气了。
>
> 　　当然，外国人眼中的中国人不只是会功夫。因为不了解中国，有的外国人认为大部分中国人都姓"陈"，有的认为每个中国人都是丹凤眼或"吊额眼"（就是眼尾一定得往上翘起来）。刚开始我觉得委屈，但后来想想也许每个国家的人对别的国家都会有这样或那样的误会。我觉得，减少误会最好的办法就是亲自去那个国家看看，了解真实的情况。
>
> （选自冯彬霞《嫁到法兰西做老外》，陕西旅游出版社，2004 年，有改动）

2. 完成初稿

　　你眼中的中国人是什么样的？写一篇不少于 500 字的作文。建议从以下几个方面来写：

（1）你对中国人的看法；
（2）为什么会有这种看法？发生了什么事？
（3）你的感想。

参考词语和句式：

> 认为……　　正在……的时候　　那是……　　当初……
>
> 于是……　　后来，……　　最后，……　　以为……

3. 修改

（1）自己修改

　　① 标出"学一学"中提到的词语和句式。

　　② 标出自己没有把握的地方。

（2）交换修改

　　① 检查同学的作文，标出使用有误的汉字、词语、语法、标点符号，并加以改正。

　　② 标出值得学习的地方，并试着运用到自己的作文中。

四　定稿

请把修改后的作文写在作文纸上。

第 5 课 时代变迁

配套资源

阅读（一）

你认识的人都是哪些年龄段的？你觉得他们的兴趣爱好、生活习惯等有什么不同？

我的三个房客[1]

儿子和儿媳在外地上班，逢年过节才会回来，平时就只剩下我一个人守在这公寓里，于是我把客房租了出去。

房客小刘是熟人介绍过来的，70年代出生（简称[2]70后），喜欢穿七匹狼的衣服，有进门脱鞋的习惯。小刘是个工作狂[3]，每天背着电脑去上班，加班到很晚才回来。公司聚餐时爱坐在领导旁边，喜欢喝红酒，吃饭的时候不停地干杯。周末还要约客户去吃饭、唱歌，唱完一曲后就拼命拉着客户喝酒，不让他唱。节假日小刘常常去旅游，他会在各个景点[4]拍很多照片，几乎每一张都少不了"V"字手势[5]。他感兴趣的话题[6]除了工作就是股票[7]。有一次聊到家庭，他说想先用存款[8]在市区买套房子，然后找个年轻的

1. 房客（名）fángkè: 租房住的人。tenant
2. 简称（动）jiǎnchēng: 简略地称呼。for short
3. 工作狂（名）gōngzuòkuáng: 只知道工作，其他什么都不管的人。workaholic
4. 景点（名）jǐngdiǎn: 旅游的地方。scenic spots
5. 手势（名）shǒushì: 表示意思时用手（有时连同身体别的部分）所做的姿势。gesture
6. 话题（名）huàtí: 谈话的中心。topic
7. 股票（名）gǔpiào: stock
8. 存款（名）cúnkuǎn: 存在银行的钱。deposit

姑娘结婚。

房客小张是80后,在我家附近的写字楼上班,每天上班前15分钟才起床,下班却很准时。周末约同学去踢球,节假日一般在家睡觉,或者约朋友去唱歌,旅游时喜欢拍风景。回家后进门不脱鞋,喜欢聊一些我觉得陌生的东西,比如麦霸9、G-Star什么的。有时候在房间看看休闲杂志、读读散文,喜欢喝点儿啤酒。谈到结婚,他觉得无所谓10,只要彼此感情好就可以了。他打算先贷款11买房。

最后一个房客小王,90后,常穿一种很"酷"的乞丐服12。他告诉我:"一个洞时尚13,两个洞潮流14,三个洞个性15。"他有两台笔记本电脑,一个礼拜7天周末,想做什么就做什么!他说他老爸有钱。他喜欢看漫画,喝韩国果汁或日本汽水,不但会唱歌,还会跳舞,开口闭口16都是上网。他上床睡觉都不脱鞋,还经常说一些让我目瞪口呆17的话:结婚需要感情吗?需要结婚吗?

一年换了三个房客,像经历了三十年,年轻一代的家庭、礼仪观念的变化让我眼花缭乱18,最后决定客房不再出租了。

(参考《中外书摘》2008年第9期,原题《70后、80后、90后的区别》,莱利,有改动)

9. 麦霸(名)màibà: 指唱卡拉OK时总拿着麦克风的人。karaoke master
10. 无所谓(动)wúsuǒwèi: 没有什么,不在乎。to be indifferent
11. 贷款 dài kuǎn: 向银行借钱。to loan
12. 乞丐服(名)qǐgàifú: 像乞丐穿的衣服,上面有很多洞。beggar suit
13. 时尚(形)shíshàng: 流行的。fashional
14. 潮流(名)cháoliú: 比喻社会变动或某领域发展的趋势。current; trend
15. 个性(名)gèxìng: 个人的特性。personality
16. 开口闭口 kāikǒu-bìkǒu: 只要一说话就说……,形容特别喜欢说某话题。也可作"开口……,闭口……"。to talk about a same topic all the time
17. 目瞪口呆 mùdèng-kǒudāi: 形容因吃惊或害怕而发呆的样子。to be astounded
18. 眼花缭乱 yǎnhuā-liáoluàn: 比喻事物复杂,无法认识清楚。to be dazzled

第 5 课　时代变迁

练习　Exercises

一　根据文章内容，完成表格

方面	70后＿＿＿	80后小张	90后＿＿＿
穿	七匹狼		
喝			韩国果汁或日本汽水
住			
工作			
爱好			
对婚姻的态度			
喜欢的话题		麦霸、G-Star	

二　为下面各句中画线的词语选择正确的解释

1. 饭后去唱歌，唱完一曲后就<u>拼命</u>拉着客户去喝酒。
   A. 不要命　　　　　B. 打架　　　　　C. 尽最大的力气

2. 回家后进门不脱鞋，喜欢聊一些我觉得<u>陌生</u>的东西。
   A. 奇怪　　　　　　B. 不熟悉　　　　C. 没有意思

3. 有时候在房间看看<u>休闲</u>杂志、读读散文，喜欢喝点儿啤酒。
   A. 休息　　　　　　B. 没有用的　　　C. 轻松悠闲的

4. 他说他<u>老爸</u>有钱。
   A. 爸爸　　　　　　B. 很老的爸爸　　C. 不喜欢的爸爸

三 不看文章，给下面的句子排序

A. 唱完一曲后就拼命拉着客户喝酒 ☐
B. 小刘是个工作狂 ☐
C. 加班到很晚才回来 ☐
D. 公司聚餐时爱坐在领导旁边 ☐
E. 吃饭的时候不停地干杯 ☐
F. 喜欢喝红酒 ☐
G. 周末还要约客户去吃饭、唱歌 ☐
H. 不让他唱 ☐
I. 每天背着电脑去上班 ☐

阅读（二）

你参加过别人的婚礼¹吗？他们的婚礼有什么不同的习俗？

婚礼的变迁

20世纪70年代末²，条件不错的家庭结婚时买"三转一响"，也就是所谓的四大件——手表、自行车、缝纫机³和收音机。那个年代，四大件是评价⁴男方家庭条件的标准，是新娘⁵理想的嫁妆⁶，也是那个时代生活水平的象征⁷。那时候，老百姓非常

1. 婚礼（名）hūnlǐ: 结婚典礼。wedding ceremony
2. 末（名）mò: 末尾。end
3. 缝纫机（名）féngrènjī: 做衣服等的机器。sewing machine
4. 评价（动）píngjià: 评定价值高低。to evaluate
5. 新娘（名）xīnniáng: 结婚时的女子。bride
6. 嫁妆（名）jiàzhuang: 女子出嫁时，从娘家带到丈夫家去的衣被、家具及其他用品。dowry
7. 象征（名）xiàngzhēng: 用来表示某种特殊意义的事物。symbol

第5课 时代变迁

讲究四大件的牌子[8]：自行车要凤凰牌的，缝纫机要五羊牌的……但是，四大件并不是人人都有。当时，要是有人骑着一辆凤凰牌自行车，就像现在开着一辆名车一样，走在街上总会引来别人羡慕的目光[9]。

80年代，随着[10]改革开放的不断深入，经济的迅速发展逐渐改变了人们的观念。四大件虽然还是时尚的一种标志，但老四大件已不再是新人[11]们追求[12]的目标，代替它们的是新四大件——电冰箱、黑白[13]电视机、石英[14]手表和洗衣机。

90年代以后，新四大件走入家庭没多久，就由流行走向了没落[15]。结婚的人不再把目光放在四大件上，而是考虑：住的房子是不是自己的，住得舒适不舒适；有没有车，车是不是好车。

21世纪初，四大件又变成了"楼、车、电、游"："楼"即房子，"车"即汽车，"电"即电脑，"游"就是蜜月旅游。这四大件，在过去是一般家庭想都不敢想的，而现在却成为了事实。

结婚是最能体现[16]时代变化的因素之一，改革开放以来，社会发生了巨大的变化，婚礼也相应地发生了变化。改革开放之前，结婚费用很少，不拍结婚照、不买房、不大摆宴席[17]……改革开放之后，结婚逐渐有了四大件，而且从老四大件变为新四大件……现在，随着人们生活水平的提高，负责为新人挑选饭店、布置婚礼场地[18]、主持婚礼的

---

8. 牌子（名）páizi: brand

9. 目光（名）mùguāng: 视线。sight; vision

10. 随着（介）suízhe: along with

11. 新人（名）xīnrén: 指新郎、新娘。the bride and the bridegroom

12. 追求（动）zhuīqiú: 努力寻找，希望得到。to pursue

13. 黑白（名）hēibái: 黑色和白色。black and white

14. 石英（名）shíyīng: quartz

15. 没落（动）mòluò: 由好变为不好，由流行变为不流行。to decline; to wane

16. 体现（动）tǐxiàn: 具体形象地表现出来。to reflect; to give expression to

17. 宴席（名）yànxí: banquet

18. 场地（名）chǎngdì: 适应某种需要的空地。place

专业婚庆[19]公司就出现了。饭店、专业婚庆公司成为了现代年轻人办婚礼的最佳[20]选择。

> 19. 婚庆（名）hūnqìng：婚礼庆祝。wedding celebration
> 20. 佳（形）jiā：好。excellent

（选自《老年世界》2008年第22期，原题《改革开放三十年我们的"婚礼"也在变迁》，郝佳丽，有改动）

练习 Exercises

一 根据文章内容，回答问题

1. 20世纪70年代，结婚时为什么要买"三转一响"？
2. 20世纪80年代，新人们追求的目标有什么变化？
3. 20世纪90年代以后结婚的人主要考虑什么问题？
4. 21世纪初，四大件是什么？
5. 为什么说结婚是最能体现时代变化的因素之一？

二 根据文章内容，判断正误

☐ 1. "三转一响"是20世纪70年代生活水平的象征，因此，每个家庭都有。
☐ 2. 在20世纪70年代末，骑自行车是非常值得骄傲也让人羡慕的事。
☐ 3. 20世纪80年代的四大件是指电冰箱、黑白电视机、石英手表和洗衣机。
☐ 4. 改革开放之前，人们结婚不需要花很多钱，因为不拍结婚照、不买房、不摆宴席。
☐ 5. 现代年轻人选择专业婚庆公司办婚礼是因为他们没有钱。

三 根据文章内容，选择正确答案

1. 那个年代，四大件是评价男方家庭条件的标准，是新娘理想的嫁妆，也是那个时代生活水平的象征。
   这句话的意思是_____。
   A. 四大件是人们结婚时特别想要的东西
   B. 女人喜欢四大件
   C. 男方家里有四大件

第 5 课　时代变迁

2. 20世纪90年代以后，新四大件走入家庭没多久，就由流行走向了没落。
   这句话的意思是_____。
   A. 20世纪90年代以后，家庭就没有新四大件了
   B. 20世纪90年代以后，新四大件就逐渐不流行了
   C. 20世纪90年代以后，新四大件就越来越流行了

3. 20世纪90年代以后，结婚的人不再把目光放在四大件上。
   这句话的意思是_____。
   A. 结婚的人不再看四大件
   B. 结婚的人不再买四大件
   C. 结婚的人对四大件不再感兴趣

4. 饭店、专业婚庆公司，成为了现代年轻人办婚礼的最佳选择。
   这句话的意思是_____。
   A. 现代年轻人办婚礼都选择饭店、专业婚庆公司
   B. 现代年轻人认为婚礼最好由饭店和专业婚庆公司来办
   C. 现代年轻人办婚礼只选择最好的饭店、专业婚庆公司

四　在括号中填上适当的词语

改革开放以来，社会发生了巨大的变化，婚礼（　　）相应地发生了变化。改革开放之前，结婚费用很少，不拍结婚照、不买房、不大摆宴席……改革开放之后，结婚逐渐有了四大件，（　　）从老四大件变为新四大件……现在，（　　）人们生活水平的提高，负责为新人挑选饭店、布置婚礼场地、主持婚礼的专业婚庆公司（　　）出现了。饭店、专业婚庆公司成为了现代年轻人办婚礼的最佳选择。

五　两人一组，使用下列词语，说说你们国家的婚礼观念有什么变化

婚礼　嫁妆　象征　随着　体现　追求　没落　最佳

....

....

....

写 作

一 热身活动

采访一下你们国家比你大或小十岁左右的人,了解一下他们对"工作、婚姻、穿着打扮"的看法,并简单记录一下。

采访内容(供参考):
1. 你喜欢什么样的工作?
2. 你希望和什么样的人结婚?
3. 你觉得什么样的婚姻是幸福的?
4. 你最喜欢的衣服是什么牌子的?

二 写作任务

[任务1] 不同的人对某些问题的看法

学一学

有用的词语和句式	例句
谈到……	谈到买房,小张很无奈地说:"很想买啊,但是买不起。"
在……问题上	在婚姻问题上,小刘和父母有着完全相反的看法。
对于……	对于婚姻,70年代的人和90年代的看法不同。
追求	现在的年轻人都追求时尚。
喜欢	他很喜欢抽烟。
对……感兴趣	他对中国画很感兴趣。

练一练

用表格中的词语和句式写一写你与父母对"工作、婚姻、穿着打扮"的不同看法。

第 5 课　时代变迁

谈到工作，..
....

在婚姻这个问题上，..
....

对于穿着打扮，..
....

[任务 2] 观念不同的原因

学一学

有用的词语和句式	例句
随着……	随着人们生活水平的提高，专业婚庆公司就出现了。
发展	2008 年奥运会以后，北京的经济发展得越来越快。
提高	改革开放以后，中国人的生活水平不断提高。
逐渐	网络游戏逐渐在校园中流行起来。
改变	在中国的有趣经历逐渐改变了他对中国人的看法。
不再……而是……	她不再抱怨工作太累，而是更加努力地工作。
从……到……	从不追求牌子到只要名牌，可以看出他这些年来的变化。
反映	这些都反映了三十年来社会生活的变化。

练一练

和同学一起讨论，为什么不同年代的人观念会不同。请尽量使用表格中的词语和句式。

原因1：..
....

原因2：..
....

原因3：..
....

三 实战练习

1. 范文欣赏

> 　　不同年代的人对相同的问题总有着不同的看法。谈到工作，生于20世纪50年代的父母认为，工作是生活中最重要的一部分，工资高不高不是最重要的，最重要的是稳定。在婚姻问题上，选什么样的对象结婚不是自己能决定的，父母说了算，门当户对就行。家里买好四大件，关系最好的亲戚朋友在一起吃个饭就算是结婚了。在父母这一代人看来，买的衣服一定要穿着合适、舒服，价钱要便宜，什么牌子无所谓。
>
> 　　与此相反，我那位很有个性的90后朋友，追求时尚，喜欢名牌衣服，而且不是名牌衣服绝对不穿。谈到结婚，他说："我对结婚不感兴趣。"在工作这个问题上，他的回答更让人目瞪口呆："我每天想做什么就做什么！反正老爸有钱。我的工作就是看漫画、上网、唱歌、跳舞！"
>
> 　　在我看来，他们的这些看法都有些奇怪，令人难以理解。我出生于20世纪80年代，喜欢穿Only、淑女屋的衣服。我认为，工作稳定不稳定不重要，最重要的是工资要高；结婚一定要选自己喜欢的对象，没有感情的婚姻是不幸福的，而且结婚之前就算是贷款也要买一套属于自己的新房，但不一定要大摆宴席。

> 　　之所以会有这么多不同，我认为最根本的原因在于不同年代的社会经济水平不同。随着社会经济的发展、生活水平的提高，人们的观念逐渐发生了改变。我父母出生的那个年代，还有很多人因为没东西吃而饿死，因此他们对于生活的要求不是那么高。而到了我们这一代，吃饭已经不是什么问题，住在哪儿、住的是不是自己的房子才是人们关心的。90后出生的时代，一般的家庭基本条件都不错，他们什么都不用愁，因此想法也不同。

2. 完成初稿

　　根据采访的结果，写一篇不少于500字的作文。建议从以下几个方面来写：

（1）他们对工作、婚姻、穿着打扮的看法；
（2）你自己的看法；
（3）不同的原因。

参考词语和句式：

> 谈到……　在……问题上　对……感兴趣　追求　随着……
> 改变　不再……而是……　从……到……　反映　逐渐

3. 修改与定稿

（1）自己修改
　　　① 标出"学一学"中提到的词语和句式。
　　　② 标出自己没有把握的地方。
（2）交换修改
　　　① 检查同学的作文，标出使用有误的汉字、词语、语法、标点符号，并加以改正。
　　　② 标出值得学习的地方，并试着运用到自己的作文中。

四　定稿

请把修改后的作文写在作文纸上。

第 6 课 饮食文化

阅读（一）

你喜欢吃什么食物？你觉得食物可以改变人的性格吗？

食物改变性格

近年来，有关专家对营养与健康的关系进行了深入的研究，指出：人们可以通过有意识地选择相应[1]的食物来改变自己的性格。

情绪[2]不稳定的人往往是因为吃了过多的酸性食物，缺乏维生素B、C，所以要多吃些碱性食物，如大豆、菠菜[3]、土豆、葡萄及草莓等。如果情绪还是容易变化，最好改吃一段时间素食，多吃富含[4]维生素B的食物，如茄子、南瓜、豆芽、玉米、香蕉、苹果等。

固执[5]的人常喜欢吃肉类及其他高脂肪食物，这种人应少吃肉类食物，但可以多吃鱼，而且要尽量吃生鱼片。蔬菜以绿色、黄色为主，少放些盐。另外，有必要改变常吃方便面、常喝饮料或不吃早餐的习惯。

焦虑[6]不安[7]的人可以补充钙质[8]和维

---

1. 相应（动）xiāngyìng: 相适应。correspond
2. 情绪（名）qíngxù: mood
3. 菠菜（名）bōcài: spinach
4. 富含（动）fùhán: 大量含有（某种物质）。to be rich in
5. 固执（形）gùzhí: 坚持自己的看法，不肯改变。stubborn
6. 焦虑（形）jiāolǜ: 着急，担心。anxious
7. 不安（形）bù'ān: 不能平静下来。intranquil; uneasy
8. 钙质（名）gàizhì: calcium

生素B，还要多吃可以增强⁹体质¹⁰的动物性蛋白质，只是要注意清淡¹¹一些。

消极¹²依赖¹³的人应少吃一些甜食、少喝饮料，如蛋糕、可乐、果汁等，多吃含钙和维生素B_1的羊肉、鱼、虾、豆制品等。

反应较慢的人需要吃一些营养丰富的食物，特别是富含维生素A和B的蔬菜、富含钙质的食物以及对大脑有帮助的海藻¹⁴食品。

以自我为中心的人首先要改掉喜欢吃糖的习惯，多吃鱼、肉和绿黄色蔬菜，绝对不要吃过咸的食品。

喜欢怀疑¹⁵的人每天要多吃些高蛋白质¹⁶食物，如牛肉等；要多吃乳类食品，多喝牛奶。这样，体力¹⁷会得到恢复¹⁸，怀疑不安的状态便会消失，转而变成积极、乐观¹⁹的人。

（参考《化工管理》2008年第9期，原题《饮食改变性格缺陷的11个方案》，有改动）

9. 增强（动）zēngqiáng: 增进，加强。to strengthen
10. 体质（名）tǐzhì: 人身体的健康水平和对外界环境的适应能力。state of health
11. 清淡（形）qīngdàn: 油、盐等调料放得比较少。not greasy or strongly flavoured
12. 消极（形）xiāojí: 不积极。passive
13. 依赖（动）yīlài: 依靠。to be dependent on
14. 海藻（名）hǎizǎo: seaweed
15. 怀疑（动）huáiyí: 不相信。to doubt
16. 蛋白质（名）dànbáizhì: protein
17. 体力（名）tǐlì: 人体活动时所能付出的力量。physical power
18. 恢复（动）huīfù: 变成原来的样子。to restore
19. 乐观（形）lèguān: 精神愉快，对事物的发展充满信心。optimistic

练习 Exercises

一 根据文章内容，判断正误

☐ 1. 情绪不稳定的人常喜欢吃肉类和其他高脂肪食物。
☐ 2. 固执的人常吃方便面，常喝饮料，还经常不吃早餐。
☐ 3. 消极依赖的人喜欢吃甜食。
☐ 4. 反应较慢的人需要多吃海藻食品，因为海藻对大脑有帮助。
☐ 5. 以自我为中心的人要多吃鱼、肉、绿黄色蔬菜和特别咸的食品。
☐ 6. 喜欢怀疑的人一般不用吃高蛋白质食物，如牛肉等。

二 根据文章内容，回答问题

1. 课文中提到了哪几种性格的人？
2. 作者认为性格不太好，可以通过什么途径改变？
3. 焦虑不安的人应该多吃什么食物？
4. 反应慢的人应多吃什么食物？
5. 喜欢怀疑的人应该多吃什么食物？

三 找出文章中提到的食物，并按要求进行归类

碱性食物：..

富含维生素 B 的食物：..

含钙和维生素 B_1 的食物：..

高蛋白质食物：..

第6课　饮食文化

四　根据文章内容，完成表格

性格	形成的原因	解决的办法
情绪不稳定		
固执		
消极依赖		
以自我为中心		

五　你相信食物能改变性格吗？使用下面的词语，说说你的理由

富含　依赖　固执　焦虑　增强　体质　清淡　体力

....

....

....

阅读（二）

近几十年来，中国发生了巨大的变化，老百姓感受最深的就是自家餐桌上的变化。

老百姓餐桌上的变化

20世纪80年代中期，随着改革开放的深入，老百姓餐桌上的食物也悄然[1]发生了

1. 悄然（形）qiǎorán: 悄悄地。quiet

变化。变化最大的还是年夜饭，80年代的年夜饭比70年代丰盛多了。刘女士回忆说："那时候过年，一大早先到菜市场挑一条大鲤鱼，做个整条的糖醋鱼，意思是'年年有余'。海鲜成了那时候的俏²菜，平时吃得少，过年就当换换口味，油焖大虾的香味，现在还记得。年夜饭一般有八大碗，端上来满满一大桌，一家人吃得挺高兴的。"到了80年代后期，粗粮³食品逐渐从老百姓的餐桌上淡出⁴，细粮成为餐桌上的主角。

到了20世纪90年代，经济的高速发展带来了饮食文化的革命。那时候刚时兴⁵自助餐，很多市民都要去尝一尝。市民张先生一想起第一次吃自助餐的经历就禁不住⁶笑出声来："一家人高高兴兴地去吃自助餐。可是每位30元的价格实在不低，大家都想着得对得起那些钱，没管肚子的感受。一顿饭吃下来，全家人肚子几乎都鼓⁷了，溜达⁸了一大圈才消下食⁹去。"可见，当时老百姓去饭馆吃饭要的还是经济实惠¹⁰。

到了21世纪初期，家庭主妇们开始寻求¹¹健康主题¹²，对水果、蔬菜极为重视：蔬菜要吃无污染的，粮食要吃当年的，鱼虾要吃活蹦乱跳¹³的，肉要吃排酸的，连花生油都要专找非转基因¹⁴的。人们在市场上挑剔¹⁵的目光越来越多地落在鲜货上，而不是价格上。总之，什么食品有营养，什么食品能防衰老¹⁶，食品怎么搭配¹⁷有利于健康，已经成为老百姓津津乐道¹⁸的话题。

2. 俏（形）qiào: 卖得好。to sell well
3. 粗粮（名）cūliáng: 一般指大米、白面以外的粮食，如玉米、高粱、豆类等。coarse grains
4. 淡出（动）dànchū: 慢慢地退出。to fade out
5. 时兴（动）shíxīng: 一时流行。in vogue
6. 禁不住（副）jīnbuzhù: can not stand
7. 鼓（动）gǔ: 胀得很圆。to swell
8. 溜达（动）liūda: 散步。to go for a walk
9. 消食 xiāo shí: 消化食物。to digest
10. 实惠（形）shíhuì: 有实际好处的。practical
11. 寻求（动）xúnqiú: 寻找追求。to seek
12. 主题（名）zhǔtí: theme
13. 活蹦乱跳 huóbèng-luàntiào: 活泼、欢乐，有活力的样子。alive and kicking
14. 非转基因（形）fēizhuǎnjīyīn: non-transgenic
15. 挑剔（动）tiāoti: 在细节上过分严格地要求。to find fault; to nitpick
16. 衰老（形）shuāilǎo: 慢慢变老。feeble and old
17. 搭配（动）dāpèi: 安排分配。to assort or arrange in pairs or groups
18. 津津乐道 jīnjīn-lèdào: 很有兴趣地说个不停。to take delight in talking about

第 6 课　饮食文化

　　经济的迅速发展正逐渐改变着人们的饮食习惯，由原来的饱餐型向营养型、新鲜型、简便型转变。人们对就餐[19]环境的要求也越来越高，花园式餐饮、园林式餐饮和野外餐饮都非常受欢迎，社区餐饮也有了很大发展，家庭送餐已成为一种新时尚。

（选自《决策与信息》2008 年第 11 期，原题《中国老百姓饭桌上 30 年的变化》，李国萍，有改动）

19. 就餐（动）jiùcān: 吃饭。to have a meal

练习　Exercises

一　根据文章内容，回答问题

1. 20 世纪 80 年代的饮食跟 70 年代相比有什么变化？
2. 20 世纪 90 年代在饮食上开始流行什么？
3. 21 世纪初期在饮食方面有什么变化？
4. 20 世纪 80 年代以来中国老百姓餐桌上的主要变化是什么？发生这些变化的原因是什么？

二　根据文章内容连线

受欢迎的食物	时间	人们追求的目标
非转基因的花生油、无污染的蔬菜等	20 世纪 80 年代	经济实惠
海鲜	20 世纪 90 年代	健康
自助餐	21 世纪初期	丰盛

三 为下面各句中画线的词语选择正确的解释

1. 海鲜成了那时候的<u>俏菜</u>，平时吃得少，过年就当换换口味，油焖大虾的香味，现在还记得。
   A. 好吃的菜　　　　　B. 卖得好的菜　　　　　C. 好看的菜

2. 那时候刚<u>时兴</u>自助餐，很多市民都要去尝一尝。
   A. 人们很感兴趣　　　B. 当时很高兴　　　　　C. 当时很流行

3. 人们在市场上<u>挑剔</u>的目光越来越多地落在鲜货上，而不是价格上。
   A. 挑来挑去　　　　　B. 非常关心　　　　　　C. 要求非常严格

4. 总之，什么食品有营养，什么食品能防衰老，食品怎么搭配有利于健康，已经成为老百姓<u>津津乐道</u>的话题。
   A. 很有兴趣地说个不停　B. 很感兴趣　　　　　　C. 非常有意思

四 选择合适的词语填空

| 活蹦乱跳 | 衰老 | 随着 | 时光 | 俏 |
| 津津乐道 | 搭配 | 丰盛 | 悄然 | 订 |

（　　）经济的高速发展，中国老百姓的年夜饭（　　）发生了变化。过去的年夜饭，追求的是（　　），大鱼大肉满满一桌，吃到肚子鼓鼓的。现在讲究的是食品的营养（　　），不仅要有（　　）的鱼虾，还要有无污染的蔬菜，要防（　　），最重要的是健康，绿色食品就成了（　　）菜。也有的家庭追求（　　）的方式，去饭馆（　　）一桌年夜饭，哪家饭馆的年夜饭做得好，哪家服务好，成为人们（　　）的话题。

五 你们国家的饮食文化是什么样子？使用指定的词语写一写

丰盛　时兴　随着　悄然　实惠　非转基因　搭配　衰老

....

....

....

第 6 课　饮食文化

写　作

一　热身活动

你们国家有哪些有名的菜？你的家人喜欢什么菜？你呢？为什么？

二　写作任务

[任务 1] 你们国家的饮食

学一学

说明的方面	有用的词语和句式	例句
粮食	面食	我家人都喜欢吃面食。
	主食	米饭是我们的主食。
	副食	蔬菜是副食。
蔬菜水果	绿色蔬菜	绿色蔬菜不一定都是绿色的。
	对……有好处	这种水果对身体有好处。
肉类	蛋白质	这种肉蛋白质非常丰富。
	脂肪	猪肉的脂肪太多。
	对……很重视	大家对健康都很重视。
海鲜	新鲜	那家超市的水果不太新鲜。
	冷冻	冷冻的鱼味道不太好。
	总之……	总之，我觉得海鲜很有营养。

练一练

参考表格中的词语和句式,用指定的词语写一写你们国家饮食方面的变化。

丰盛　悄然　俏　时兴　实惠　非转基因　就餐

....

....

....

....

....

[任务 2] 饮食变化的原因或趋势

学一学

有用的词语和句式	例句
节奏	我们国家的生活节奏比较慢。
提高	他的汉语水平提高了。
观念	他的观念和你有很大的不同。
之所以……,是因为……	他在学习上之所以进步很大,是因为他非常努力。
归功于	中国经济发展这么快,得归功于改革开放。

练一练

两人一组,讨论你们国家饮食方面变化的原因以及将来的趋势,并用表格中的词语和句式将主要观点整理出来。

原因 1:..

....

第 6 课　饮食文化

原因 2：..
　　　　..

趋势 1：..
　　　　..

趋势 2：..
　　　　..

三　实战练习

1. 范文欣赏

阅读范文，看看范文是从哪些方面介绍"我家餐桌上的变化"的，是怎么介绍的。

我家餐桌上的变化

我家在北方，过去吃的蔬菜主要是土豆、白菜、大头菜和萝卜，几乎天天如此。像豆角、西红柿、茄子等，只能在每年的 7 月末到 9 月初才能吃到。一些本地不产的蔬菜，即便是夏季，也根本吃不到，冬季就更不用说了。那时的副食品种很少，主要是鸡蛋和猪肉，这些东西虽然价格不太贵，但是，由于我们家工资太低，再加上人口太多、需要量太大，根本买不起，也舍不得买，逢年过节时才买一点儿解解馋。因此，小时候我们最盼的就是过年，因为过年可以借机会一饱口福，好过过大块吃肉的瘾。

但是近些年，人们的饮食习惯发生了很大的变化，我家也不例外。现在我家的餐桌越来越丰盛了，过去常吃的土豆、白菜、大头菜和萝卜等已经从我家餐桌上逐渐淡出，南方菜成了餐桌上的主角。即使是冬季，南方产的蔬菜也会很快流入我们北方的市场，只要是当季时兴的，我们就能买回来品尝。鱼、肉、蛋也成了餐桌上的家常菜，毫不夸张地说，现在我家几乎天天有营养丰富的肉、蛋，顿顿有活蹦乱跳的鱼、虾。

2. 完成初稿

根据你家里的情况，写一篇不少于500字的作文。建议从以下几个方面来写：

（1）餐桌上的变化；
（2）变化的原因；
（3）将来的趋势。

参考词语和句式：

归功于　观念　提高　节奏　总之……　之所以……，是因为……

3. 修改与定稿

（1）自己修改

① 标出"学一学"中提到的词语和句式。

② 标出自己没有把握的地方。

（2）交换修改

① 检查同学的作文，标出使用有误的汉字、词语、语法、标点符号，并加以改正。

② 标出值得学习的地方，并试着运用到自己的作文中。

四　定稿

请把修改后的作文写在作文纸上。

第7课 中国的风俗

配套资源

阅读（一）

中国人喜欢喝酒，但南北方饮酒的习俗有很大不同。这些不同表现在哪些方面？为什么有这些不同呢？

南北饮酒习俗

中国人好客。逢年过节或是亲朋好友相聚¹，迎来送往间，免不了在家中或到餐馆酒店摆上一两桌，以示²喜庆友好。常言道："无酒不成席。"试想，满桌美味佳肴³全上齐了，红黄白绿黑，样样俱全，唯独⁴缺了酒，岂⁵不败兴⁶？如果适时地上点儿酒，不论红、白、啤，推杯换盏⁷之时，大家叙旧话情，把⁸酒言欢，多有气氛呀！

有趣的是，同样是以酒宴宾朋，由于南北方气候环境、风土民情、生活习性以及文化素养等方面的差异，南北方人在饮酒习俗上截然⁹不同。

北方人生性¹⁰豪爽¹¹，办事果断干脆，饮起酒来亦不失此风范¹²，自然而然，杯子

1. 相聚（动）xiāngjù: 彼此相会，聚在一起。to get together
2. 示（动）shì: 展现。to show
3. 美味佳肴 měiwèi-jiāyáo: 美味可口的食物。delicious food
4. 唯独（副）wéidú: 单单。only
5. 岂（副）qǐ: 怎么，难道。would; how
6. 败兴 bài xìng: 扫兴，原有的兴致被不愉快的事打掉了。to be disappointed
7. 盏（名）zhǎn: 小杯子。cup
8. 把（动）bǎ: 持，握住。to grasp; to hold
9. 截然（副）jiérán: 完全。completely
10. 生性（名）shēngxìng: 天生的性格。nature
11. 豪爽（形）háoshuǎng: 直爽。forthright
12. 风范（名）fēngfàn: 风度。style

73

要大，斟¹³酒要满，方能显出主人家"酒满心诚"。端起酒杯，主副陪你一杯我一盏，配合默契，不单言辞恭敬，行动上更是率先垂范¹⁴，先干为敬。那种情形下，客人除了客随主便，频频举杯，想是没什么理由好拒绝的了。及至酒过三巡¹⁵，再看满桌人，有酒量的酒兴正浓，高谈阔论；没酒量的醉态可掬¹⁶、身形不稳、言辞含糊……妙的是，酒喝到这份儿上了，主人家才觉得心满意足，颜面生辉。此乃北方人典型的性格特征——凡事比较注重表象，哪怕饭菜不饱，只要酒足了，面子就兜¹⁷住了，还美其名曰"好客"。在北方有很多事务或者生意上的往来是在这醉意中拍板定盘¹⁸的，绝无事后的拖泥带水¹⁹之忧。

南方人性格相对细腻，看重实际。他们总是把情理划分得一清二楚，摆设酒宴多半是为了礼节客套。酒呢，在很多时候仅作为一种礼貌性的象征摆放在桌上。整个宴席过程中，做主人的非常懂得把握分寸，少有拿酒做文章²⁰的，敬酒也比较随意，不但自己喝酒不勉强，不为酒累，对客人也力求"点到为止"，能饮的不反对开怀畅饮，不喝的绝不强求。一顿饭吃下来，平平静静，着实²¹体现了南方人待人接物的精明内敛²²。待酒席散后，主人通常会寻一处环境清雅²³的茶馆，品着香茶，听着曲子，谈心论事，洽谈²⁴业务，从头至尾，意念²⁵始终清晰，绝不会混淆视听，因酒误事。

（选自网络文章《看南北方喝酒习俗差异》，有改动）

---

13. 斟（动）zhēn：往杯里倒（酒或茶）。to pour (wine or tea)
14. 率先垂范 shuàixiān-chuífàn：首先做出示范。to set an example
15. 巡（量）xún：次；遍。time
16. 醉态可掬 zuìtài-kějū：喝醉的样子很明显，好像可以用手捧起来一样。the intoxication is so lovely that likes to be picked up by hands
17. 兜（动）dōu: to protect
18. 拍板定盘 pāibǎn-dìngpán：做出决定。to make a decision
19. 拖泥带水 tuōní-dàishuǐ：比喻不简洁或做事不干脆。to do things sloppily
20. 做文章 zuò wénzhāng：比喻抓住一件事发议论或在上面打主意。to make an issue of
21. 着实（副）zhuóshí：确实。indeed
22. 内敛（形）nèiliǎn：收敛。restrained
23. 清雅（形）qīngyǎ：清新高雅。elegant
24. 洽谈（动）qiàtán：接洽商谈。to negotiate
25. 意念（名）yìniàn：意识信念。thought

第 7 课　中国的风俗

练习　Exercises

一　根据文章内容，回答问题

1. 中国人什么时候会摆酒席？
2. 南北方饮酒习俗为什么不同？
3. 北方人性格有什么特点？
4. 南方人性格有什么特点？
5. 南方人饮酒后喜欢做什么？

二　根据文章内容，完成表格

方面	北方人	南方人
对待酒的态度		
主人饮酒时的表现		
客人饮酒时的表现		
喝酒时的场面		
喝酒时喜欢做的事情		

三　为下面各句中画线的词语选择正确的解释

1. 逢年过节或是亲朋好友相聚，迎来送往间，免不了在家中或到餐馆酒店摆上一两桌，以示喜庆友好。
   A. 一定　　　　　　B. 没办法　　　　　　C. 不可避免

2. 常言道："无酒不成席。"
   A. 没有酒不成功　　B. 没有酒算不上宴席　　C. 没有酒就没有客人

3. 北方人生性豪爽，办事果断干脆，饮起酒来亦不失此风范，自然而然，杯子要大，斟酒要满，方能显出主人家"酒满心诚"。
   A. 酒倒得很满表示有诚意　　　　　　　　B. 酒要倒满，心要诚实
   C. 酒要倒满，人要热情

4. 妙的是，酒喝到这份儿上了，主人家才觉得心满意足，颜面生辉。
   A. 很高兴　　　　　B. 脸很红　　　　　C. 有面子

5. 敬酒也比较随意，不但自己喝酒不勉强，不为酒累，对客人也力求"点到为止"。
   A. 不喝很多酒　　　B. 不因为喝很多酒而感到很累　　C. 不被酒连累

6. 从头至尾，意念始终清晰，绝不会混淆视听，因酒误事。
   A. 因为喝酒做错了事　　B. 因为喝酒耽误事情　　　　C. 因为喝酒不做事情

四 使用指定词语简述南北方喝酒的习俗

生性　豪爽　斟　率先垂范　巡　醉态可掬
相聚　美味佳肴　着实　清雅　洽谈

....
....
....

阅读（二）

白族是中国的一个少数民族，你了解这个民族吗？你知道他们的婚礼习俗吗？

白族人的婚礼

白族的婚礼，随着时代的发展，在很多

第7课 中国的风俗

地方都有不同程度的改进。但有些地方，至今仍保留着古老的传统习俗。

迎亲[1]时，媒人[2]和新娘要坐轿[3]。跟着新郎前去接新娘的小伙子叫陪郎，要骑马。陪郎走在轿子前面，在陪郎前面还有抬着旌旗[4]、金瓜[5]等的先锋[6]，并由大号、唢呐、锣鼓开道[7]，迎亲队伍热闹而壮观。当迎亲队伍来到新娘家门口时，要大号、唢呐、锣鼓齐鸣三次。

奏乐[8]毕[9]，女方才出来招呼迎亲的人。这时一位颇[10]有风度的老人，站在大门口，拦路[11]考新郎，当地人把这叫作"应考"，应考的方法多半都是对"对子[12]"。老人出上三五副对联，如果新郎都回答得准确流畅[13]，便让路；若答不上来，就继续考。有的新郎由于事前未认真准备，加上陪郎也不够机灵[14]，就会急得满头大汗，看热闹的人乐得前仰后合[15]，十分有趣。如果新郎应考顺利，便可进堂屋[16]就坐。这时，新娘家一群如花似玉的白族姑娘，便上前向迎亲的人敬茶，头道是甜茶，二道是苦茶，接着是上糖果，再然后就是新郎向岳父岳母拜[17]"家堂"。最后，岳父、岳母和女方长者才给新郎戴花挂红。这时，新郎就将一把小镏壶[18]送给新娘，表示不管冷热都愿与她欢欢喜喜在一起过日子，随即便出门上轿。

新娘接到男方家后，先拜天地、拜四方，拜完后便入洞房。洞房门口备有马鞍[19]，男女都要从上面跨过去。房门上挂着一个筛子[20]、三支箭和一面镜子，据说，这一切都

1. 迎亲 yíng qīn：结婚那天，由新郎亲自到女方家接新娘。to send a party to escort the bride to the groom's house
2. 媒人（名）méiren：婚姻双方的介绍人。matchmaker
3. 轿（名）jiào：一种靠人扛而行、供人乘坐的交通工具。sedan
4. 旌旗（名）jīngqí：旗子。flag
5. 金瓜（名）jīnguā：南瓜的俗称。pumpkin
6. 先锋（名）xiānfēng：起带头作用的人或集体。pioneer
7. 开道 kāi dào：在前面引导，让闲杂人让开；让路。to clear the way
8. 奏乐 zòu yuè：演奏乐曲。to play music
9. 毕（动）bì：结束。to finish
10. 颇（副）pō：非常。quite
11. 拦路 lán lù：阻拦通路。to block the way
12. 对子（名）duìzi：对偶的词句。a pair
13. 流畅（形）liúchàng：顺利流通。fluent
14. 机灵（形）jīling：聪明。smart
15. 前仰后合 qiányǎng-hòuhé：形容大笑时身体前后晃动的样子。to be convulsed with laughter
16. 堂屋（名）tángwū：传统民居中的会客厅。central room
17. 拜（动）bài：行礼表示敬意。to worship
18. 镏壶（名）liūhú：金属制壶。pot
19. 马鞍（名）mǎ'ān：放在马背上供人骑坐的一种马具。saddle
20. 筛子（名）shāizi：一种用竹片编制的生活用具，圆形，有漏孔，主要是使小颗粒通过孔掉出去。sieve

表示今后新人幸福平安、六畜兴旺[21]。新人入洞房后，二人争坐枕头，谁先坐上枕头，谁今后就是当家的。新郎新娘往往[22]为争坐枕头而上演一出欢喜的闹剧，给婚礼增添了不少乐趣。

入洞房后，新人还要喝交杯酒，表示恩爱白头。晚上，夫妻二人要吃团圆饭，互换三次饭，然后闹洞房。闹洞房时房内要点七星灯、烧炭火[23]。此时，调皮[24]的年轻人，往往把辣椒粉扔进炭火里，呛[25]得新郎新娘又是鼻涕又是眼泪，闹洞房的人笑破肚子，增添了喜庆的气氛。

（选自广西民族报网2013年5月，原题《白族：谁坐枕头谁当家》，有改动）

| 21. 六畜兴旺 liùchù-xīngwàng: 六畜，指马、牛、羊、猪、狗、鸡。这里指各种牲畜、家禽繁衍兴旺。The domestic animals are all thriving.
| 22. 往往（副）wǎngwǎng: 经常。usually
| 23. 炭火（名）tànhuǒ: 木炭生的火。charcoal fire
| 24. 调皮（形）tiáopí: 淘气。naughty
| 25. 呛（动）qiàng: 刺激性的气味进入呼吸器官而感觉难受。to irrate (respiratory organs)

练习　Exercises

一　根据文章内容，完成表格

婚礼环节	主要人物
迎亲	
新郎"应考"	
堂屋中	

第 7 课　中国的风俗

二　根据文章内容，回答问题

1. "应考"主要考什么？怎么考？
2. 拜堂后，新郎送新娘什么东西？这东西表示什么意思？
3. 新娘到了男方家后要做什么？
4. 洞房门口有什么东西？为什么准备这些东西？
5. 入洞房后，新郎新娘要做什么？为什么？
6. 夫妻吃完团圆饭后，还有什么活动？

三　根据文章内容，列出白族人传统婚礼的程序及活动

....

....

....

....

写 作

一　热身活动

你们国家参加婚礼的有哪些人？婚礼时有哪些活动？要准备哪些东西？这些东西有什么特别的意思？

二　写作任务

[任务 1] 婚礼的过程

学一学

有用的词语和句式	例句
先……，然后……	先吃饭，然后再上课。
……毕	奏乐毕，接着放鞭炮。
此时……	此时，锣鼓齐鸣。
如果……，便……	如果你不给我打电话，便说明你不想去。
给……增添了……	他们的到来给婚礼增添了不少乐趣。

练一练

使用表格中的词语和句式写一写你参加过的婚礼的过程。

....

....

....

[任务 2] 对婚礼的看法

学一学

有用的词语和句式	例句
时尚	她的衣服很时尚。
传统	这种衣服太传统了。
观念	现在人们的观念发生了很大的变化。
更重要的是……	汉语很有意思，更重要的是学好汉语可以跟中国人进行交流。
不认同……	我不认同这种做法。

第7课 中国的风俗

> 练一练

使用表格中的词语和句式，对你们国家传统的婚礼进行评价。

....

....

....

....

....

三 实战练习

1. 范文欣赏

阅读短文，看看是从哪些方面介绍"家乡的婚礼"的，是怎么介绍的。

家乡的婚礼

在我的家乡，婚礼比较传统，也比较繁琐。婚礼当天，迎亲是最关键的步骤，其他的程序可以不要，但这一步却一定不能少。否则，即使到民政局登记了，邻里和亲戚也会认为这对新人没有结婚。婚礼当天一大早，男方家就开始准备迎亲。先要铺床，由男方一名男性亲戚（一般是大伯）把新人的被褥一床床一层层全部铺到婚床上。然后找个小男孩儿滚床，让他尽情地在铺好的床上蹦跳翻滚，折腾得越厉害越好。女人们包饺子，用红糖做馅儿；擀面条儿，面条儿要粗、厚而且宽。做好准备以后，新郎带领迎亲队伍出发去迎接新娘，要求不走回头路，接了新娘以后要走完全不同的另一条路。

与此同时，新娘家也在忙碌，给新娘准备一个上妆用的方盒，称为上头盒子，里面有十字线、两双筷子、粉盒、镜子等；还要准备饺子和面条儿，和男方家一样。男方来了以后，要给新娘一条新裤子让新娘穿上，这条裤子名为"壮心裤"。然后，新娘的兄弟把新娘从卧室背到客厅，由新娘的嫂子给新娘开脸。从这一刻开始，新娘不能说话，要一直等到坐完时辰。迎亲队伍出发以后，新娘的家人要把新娘的洗脸水使劲往外泼，原则上泼得越远越好，意思是新娘嫁出去以后不会想家。

到了新郎家，讲究更多。从下车到拜天地，走路不能超过一百步，所以很多住的楼层比较高又没有电梯的人家可辛苦了，新郎要把新娘背进家门。新娘一进门，大姑姐就要递给新娘一块糕让她抱在怀里，意为"步步高"。拜完天地，大姑姐接过糕，把糕放到新娘的衣橱顶上。然后，新郎新娘进入洞房"坐时辰"。"坐时辰"的时候，新郎的家人开始煮饺子、面条儿，把双方的饺子一块儿煮。煮熟后端给新人，一般来说，新人先吃饺子，因为当地的习俗是吃饺子生男孩儿，吃面条儿生女孩儿。吃的时候，还会有人问："生不生？"新人要大声回答："生！"意思是结婚后能生孩子。这一切结束以后，还不算完，除了要摆宴席请客人以外，还要闹洞房，不折腾到十一二点结束不了。

家乡的婚礼虽然很热闹，但是我并不认同。因为办一次婚礼不但要花费大量的金钱，而且还要花费大量的时间和精力，更重要的是，结婚本来是一件高兴的事，结果却弄得新郎和新娘都筋疲力尽。

（选自龙腾网2009年8月10日，原题《繁琐的婚礼》，有改动）

2. 完成初稿

根据你参加婚礼的经历，写一篇不少于600字的作文。建议从以下两个方面来写：

（1）婚礼的过程；

（2）对婚礼的看法。

参考词语和句式：

先……然后……　　……毕　　如果……，便……　　给……增添了……
更重要的是……　　不认同……　　时尚　　传统　　观念

3. 修改与定稿

（1）自己修改

① 标出"学一学"中提到的词语和句式。

② 标出自己没有把握的地方。

（2）交换修改

① 检查同学的作文，标出使用有误的汉字、词语、语法、标点符号，并加以改正。

② 标出值得学习的地方，并试着运用到自己的作文中。

四 定稿

请把修改后的作文写在作文纸上。

第8课 东西方文化的差异

配套资源

阅读（一）

中国人和西方人对礼品的看法有什么不一样？东西方"礼"俗有哪些不同？

东西方"礼"俗不同

东西方都有送礼的习俗，对赠送¹的礼物都很重视²，而且都认为应该礼尚往来³，有来有往⁴。中国有句古话："来而不往，非礼⁵也。"然而，东西方文化中的送礼行为还是有很大差异的。其中最大的差异是礼品观念上的不同。中国人往往注重⁶礼品的实质⁷意义，即它的实用价值，而不喜欢中看⁸不中用⁹的东西。中国人注重礼品的实用价值，还表现在对价签¹⁰的重视程度上。西方人注重礼品的纪念价值，他们买礼物时，商

1. 赠送（动）zèngsòng：无偿地送给别人东西。to give as a present
2. 重视（动）zhòngshì：将某物或者某人看得很重要。to attach importance to
3. 礼尚往来 lǐshàngwǎnglái：在礼节上注重有来有往。courtesy calls for reciprocity
4. 往（动）wǎng：去；到。to go somewhere
5. 礼（名）lǐ：礼仪。courtesy
6. 注重（动）zhùzhòng：重视。to pay attention to
7. 实质（名）shízhì：某一事物本身固有的性质。essence
8. 中看（形）zhōngkàn：好看。pleasant to the eyes
9. 中用（形）zhōngyòng：好用。useful
10. 价签（名）jiàqiān：写着物品价格的标签。price tag

第8课 东西方文化的差异

店的店主或店员往往会费很大的事专门把价签撕下来，而中国人恰恰[11]就要这个价签，为的是让人看到礼物的实际价值。

确切[12]地讲，中国人送的多是礼品，而西方人送的一般是纪念品。应邀[13]去西方人家做客，可以送一束鲜花，也可以带上具有本国特点的小工艺品、一本自己或对方喜欢的书、一张CD。在机场和火车站迎接客人，或去医院探视[14]病人，西方人往往会送上一束鲜花，显得既自然又热情。同样，在你宴请西方人时，也别指望[15]对方能送多么贵重的礼物，他们送的可能只是一些价格不贵但颇有纪念意义的小工艺品。他们出国旅游，回来后经常会买一些明信片送给办公室的同事或亲朋好友，有时还会送几块巧克力。可见，西方人注重的不是礼物的轻重或礼品价格的高低，而是礼品的纪念意义。

收到礼物时，中国人和西方人的反应完全不同。在中国，人们收到礼物时往往并不喜形于色[16]，而且不会当面打开礼物。他们认为这样做非常不礼貌，会给人留下"贪婪[17]"的印象，或让人感到对所收到的礼物过分在意[18]。而在西方，人们收到礼物时往往会当面打开，并称赞一番。

尽管中国和西方的"礼"俗有很大的不同，但没有好坏之分，都是借送礼物来表达情义[19]、联络[20]感情，是在长期的历史发展中形成的一种习惯。

（选自腾讯网，原题《礼品与纪念品——中西方送礼文化的差异》，海星，有改动）

11. 恰恰（副）qiàqià：正好。exactly; just
12. 确切（形）quèqiè：准确，恰当。precise
13. 应邀（动）yìngyāo：接受邀请。on invitation
14. 探视（动）tànshì：查看，探望。to visit
15. 指望（动）zhǐwàng：一心期待。to count on
16. 喜形于色 xǐxíngyúsè：脸上表现出高兴的样子。to light up with pleasure
17. 贪婪（形）tānlán：过分追求某种东西，占有欲强。greedy
18. 在意（动）zàiyì：放在心上。to care about
19. 情义（名）qíngyì：对人的感情。ties of friendship
20. 联络（动）liánluò：to contact

练习 Exercises

一 根据文章内容，回答问题

1. 东西方"礼"俗有哪些共同点？
2. 东西方"礼"俗有哪些不同？
3. 东西方"礼"俗文化的不同说明了什么？

二 根据文章内容，完成表格

方面	中国人的做法	西方人的做法
对待礼物上的价签		
去别人家做客送礼时		
收到礼物时		

三 在括号中填上适当的词语

（　　），在你宴请西方人时，（　　）别指望对方能送多么贵重的礼物，他们送的可能只是一些价格不贵（　　）颇有纪念意义的小工艺品。他们出国旅游，回来后经常会买一些明信片送给办公室同事或亲朋好友，有时（　　）会送几块巧克力。可见，西方人注重的（　　）礼物的轻重或礼品价格的高低，（　　）礼品的纪念意义。

四 除了文章中提到的差异，谈一谈东西方在"礼"俗方面还有哪些不同

第8课　东西方文化的差异

阅读（二）

你觉得中国人有哪些特别的动作？为什么有这些动作？

小动作，大学问

我认识的一位研究人类行为的美国教授指出：从一个人的行为不仅能了解他的修养[1]、性格、习惯等，甚至还可以了解一些他们国家的情况。

由中国人的坐姿[2]和捡[3]东西的动作，可以看出家教[4]如何。男孩子张着双腿坐，女孩子靠拢[5]着双膝[6]坐；捡东西时男人一般是弯腰捡，女人则是蹲[7]下来捡，而且蹲下来时都并拢[8]双膝，那是习惯，装[9]不出来。

有的人说话时喜欢边说边笑，这种人在与你交谈时你会觉得很轻松。他们大多性格开朗[10]，感情专一[11]，对亲情、友情特别珍惜[12]。

教授虽然没去过香港，但是他说从香港留学生身上，可以猜到香港的人口密度[13]一定很高。为什么呢？因为大凡[14]人挤人的地方，由于过于喧闹[15]，人们说话时，嗓门儿[16]就不得不大一些。香港留学生说话嗓门儿不小，可见香港地窄[17]人稠[18]。这跟纺织[19]厂工人说话声音较大是同样的道理，他们不是故意的，而是习惯成自然。

1. 修养（名）xiūyǎng: 逐渐养成的待人处事的正确态度。self-cultivation
2. 坐姿（名）zuòzī: 坐的姿势。one's gesture of sitting
3. 捡（动）jiǎn: 拾取。to pick up
4. 家教（名）jiājiào: 家长对子女的教育。family education
5. 靠拢（动）kàolǒng: 挨近，贴近。to get close
6. 膝（名）xī: 膝盖。knee
7. 蹲（动）dūn: 两腿尽量弯曲，像坐的样子，但臀部不着地。to squat
8. 并拢（动）bìnglǒng: 并在一起。to put together
9. 装（动）zhuāng: 假装。to pretend
10. 开朗（形）kāilǎng: 乐观。optimistic
11. 专一（形）zhuānyī: 一心一意。single-minded
12. 珍惜（动）zhēnxī: to cherish
13. 密度（名）mìdù: 疏密的程度。density
14. 大凡（副）dàfán: 大概。generally
15. 喧闹（形）xuānnào: 声音大而吵闹。noisy
16. 嗓门儿（名）sǎngménr: 这里指说话的声音。voice
17. 窄（形）zhǎi: 狭窄。narrow
18. 稠（形）chóu: 密度大。dense
19. 纺织（名）fǎngzhī: 纺纱与织布的总称。spinning and weaving

教授有位来自台湾的好朋友，每次开车送那位朋友回家，他下车向教授道谢[20]后，总是重重地把车门关上。起初，教授很惊讶，以为自己哪点做得不合适，让对方不高兴呢。一个偶然的机会，教授才弄清楚这完全是一个误会。因为那位朋友小时候坐车时，总看见大人把车门重重地关上，还用力推推，甚至把电子门锁按下去。他自己也曾遇到过车门没关好，在转弯时车门突然打开的惊险情况。几十年下来，他对车门不仅缺乏[21]信任，甚至都有了恐惧[22]感，时间长了，他自己也养成了重重地关车门的习惯。

教授还发现东方男性很少为女性关车门，他好几次为东方女性关门时，正巧她们自己也正在伸手拉门，结果教授一推门，就戳[23]痛了她们的手指。

有一回，我和朋友聊得正高兴，觉得脖子后面有头发掉进去了，就不自觉地摸了一下，没想到对方站起来立刻说要走。当时我觉得很奇怪，后来教授告诉我，在西方人看来，摸脖子是疲劳[24]和不耐烦[25]的动作，所以对方才要走。

（选自刘墉《刘墉作品集》，有改动）

20. 道谢 dào xiè: 表达感激之情。to express one's gratitude

21. 缺乏（动）quēfá: 缺少。to be lack of

22. 恐惧（形）kǒngjù: 惊慌害怕。afeared; scared

23. 戳（动）chuō: 用长条物体的顶端向前触碰或穿过另一物体。to poke; to jab

24. 疲劳（形）píláo: 因体力或脑力消耗过多而需要休息。tired

25. 耐烦（形）nàifán: 不急躁，不怕麻烦。patient

练习 Exercises

一 根据文章内容，回答问题

1. 从一个人的行为可以了解到什么？
2. 从中国人的坐姿和捡东西的动作可以看出什么？

第 8 课　东西方文化的差异

3. 教授通过香港留学生的行为猜到香港怎么样?
4. 教授的台湾朋友经常怎么关车门? 为什么?
5. 教授是怎么发现东方男性很少为女性关门的?

二　根据第二段完成表格

方面	男性	女性
坐姿		
捡东西的动作		

三　根据文章内容叙述

1. 香港人声音大的原因。
2. 教授的台湾朋友重重关车门的原因。
3. 朋友"立刻说要走"的原因。

四　在括号中填上适当的词语

　　教授（　　）没去过香港,（　　）他说从香港留学生身上,可以猜到香港的人口密度一定很高。为什么呢?（　　）大凡人挤人的地方,由于过于喧闹,人们说话时,嗓门儿（　　）不得不大一些。香港留学生说话嗓门儿不小,（　　）香港地窄人稠。这跟纺织厂工人说话声音较大是同样的道理,他们不是故意的,（　　）习惯成自然。

写　作

一　热身活动

　　中国和你们国家在文化上有哪些不同? 这些不同反映了什么?

二 写作任务

[任务1] 对比中国和你们国家不同的方面

学一学

有用的词语和句式	例句
……，然而……	这件事大家都知道，然而他却不知道。
……，而……	中国人喜欢把价签保留在商品上，而西方人却常常把价签撕下来。
与此相反	他认为这件衣服不漂亮，与此相反，我认为这件衣服很漂亮。
各有千秋	他们两个人各有千秋。

练一练

使用表格中的词语和句式写一写中国和你们国家文化上的不同。

....

....

....

....

....

....

....

第 8 课　东西方文化的差异

[任务 2] 对这些不同的看法

学一学

有用的词语和句式	例句
多彩	文化是多彩的。
优劣	文化没有优劣。
尽管……，但是……	尽管我没去过那个地方，但是我知道。
并不是说……	我这么做并不是说我不喜欢。
并不意味着……	这并不意味着这件衣服不好。

练一练

使用表格中的词语和句式，对两国文化的不同进行评价。

……………………………………………………………………………………………………
……………………………………………………………………………………………………
……………………………………………………………………………………………………
……………………………………………………………………………………………………
……………………………………………………………………………………………………
……………………………………………………………………………………………………
……………………………………………………………………………………………………

三 实战练习

1. 范文欣赏

阅读短文，看看比较了哪些方面，是怎么比较的。

体态语的差异

不同的国家，身体动作往往有不同的含义。头部左右摆动所表示的意义在不同国家是不同的。英语国家表示"也许""差不多""马马虎虎""不大清楚"，在中国却没有这些意思。

中国人可以用点头招呼某人过来，不过这一动作使用的范围是有限制的，因为它往往显得有点儿高高在上，看不起别人。英语国家没有这层意思，他们常将点头作为一种指点动作，即用前额指点。

不仅如此，相同的动作常常含义也不同。跺脚在中国所表达的意义是"气愤""恼怒""悔恨"，而在英国所表达的意义是"不耐烦"。

在中国，摸摸、拍拍或是亲亲孩子表示亲近和爱抚。但在西方，这种动作会被认为是无礼的，也会引起孩子父母强烈的反感和厌恶。

中国人表示"2"时，常伸出食指和中指，而英美人则用这一手势表示胜利（现在中国也使用这一手势表示）；中国人表示"8"时会伸出食指和拇指，而英美人通常用这一手势表示"2"。正因为如此，生活中才常常会引起误会。例如一位美国商人在上海用餐时点啤酒，服务员问他要几瓶，他伸出食指和拇指。结果，服务员送上了8瓶啤酒，美国商人看得目瞪口呆。

2. 完成初稿

根据你生活中观察到的东西方文化差异的例子，写一篇不少于600字的作文。建议从以下几个方面来写：

（1）相同的方面；
（2）不同的方面；
（3）自己的看法。

参考词语和句式：

> ……，然而……　与此相反　各有千秋　尽管……，但是……
> 并不是说……　并不意味着……　优劣

3. 修改与定稿

（1）自己修改

　　① 标出"学一学"中提到的词语和句式。

　　② 标出自己没有把握的地方。

（2）交换修改

　　① 检查同学的作文，标出使用有误的汉字、词语、语法、标点符号，并加以改正。

　　② 标出值得学习的地方，并试着运用到自己的作文中。

四　定稿

请把修改后的作文写在作文纸上。

词汇表

	B	
把	bǎ	(7)
败兴	bài xìng	(7)
拜	bài	(7)
包含	bāohán	(1)
包装	bāozhuāng	(2)
本身	běnshēn	(3)
彼此	bǐcǐ	(3)
毕	bì	(7)
变质	biàn zhì	(4)
标志	biāozhì	(1)
冰盖	bīnggài	(2)
冰冷	bīnglěng	(4)
并拢	bìnglǒng	(8)
菠菜	bōcài	(6)
搏击	bójī	(1)
不安	bù'ān	(6)
布满	bùmǎn	(2)
	C	
插头	chātóu	(2)
昌盛	chāngshèng	(1)
长寿	chángshòu	(1)
常见	chángjiàn	(1)
场地	chǎngdì	(5)
场面	chǎngmiàn	(3)
潮流	cháoliú	(5)
吵架	chǎo jià	(3)
沉迷	chénmí	(3)
崇拜	chóngbài	(1)
稠	chóu	(8)
出差	chū chāi	(4)

戳	chuō	(8)
雌	cí	(3)
粗粮	cūliáng	(6)
存款	cúnkuǎn	(5)
	D	
搭配	dāpèi	(6)
大凡	dàfán	(8)
贷款	dài kuǎn	(5)
单独	dāndú	(2)
蛋白质	dànbáizhì	(6)
淡出	dànchū	(6)
当初	dāngchū	(4)
道谢	dào xiè	(8)
地道	dìdao	(3)
电力	diànlì	(2)
电线杆	diànxiàngān	(3)
兜	dōu	(7)
对子	duìzi	(7)
蹲	dūn	(8)
	E	
二氧化碳	èryǎnghuàtàn	(2)
	F	
发财	fā cái	(4)
房客	fángkè	(5)
纺织	fǎngzhī	(8)
非转基因	fēizhuǎnjīyīn	(6)
肥沃	féiwò	(2)
分辨	fēnbiàn	(3)
分道扬镳	fēndào-yángbiāo	(3)
分摊	fēntān	(4)
丰盛	fēngshèng	(4)

风范	fēngfàn	(7)
风浪	fēnglàng	(1)
疯狂	fēngkuáng	(3)
逢	féng	(4)
缝纫机	féngrènjī	(5)
夫妻	fūqī	(3)
孵化	fūhuà	(3)
妇人	fùrén	(4)
富贵	fùguì	(4)
富含	fùhán	(6)
G		
钙质	gàizhì	(6)
高贵	gāoguì	(4)
个性	gèxìng	(5)
工作狂	gōngzuòkuáng	(5)
孤僻	gūpì	(3)
辜负	gūfù	(1)
股东	gǔdōng	(4)
股票	gǔpiào	(5)
鼓	gǔ	(6)
固执	gùzhi	(6)
官职	guānzhí	(1)
鹳	guàn	(3)
光棍儿	guānggùnr	(3)
H		
海鸥	hǎi'ōu	(3)
海藻	hǎizǎo	(6)
毫不犹豫	háo bù yóuyù	(4)
豪爽	háoshuǎng	(7)
好景不长	hǎojǐng bù cháng	(3)
黑白	hēibái	(5)
话题	huàtí	(5)
怀疑	huáiyí	(6)
黄莺	huángyīng	(3)
恢复	huīfù	(6)
婚礼	hūnlǐ	(5)
婚庆	hūnqìng	(5)
活蹦乱跳	huóbèng-luàntiào	(6)

J		
机灵	jīling	(7)
佳	jiā	(5)
家电	jiādiàn	(2)
家教	jiājiào	(8)
价签	jiàqiān	(8)
嫁妆	jiàzhuang	(5)
捡	jiǎn	(8)
简称	jiǎnchēng	(5)
简直	jiǎnzhí	(1)
讲究	jiǎngjiu	(1)
焦虑	jiāolǜ	(6)
轿	jiào	(7)
教养	jiàoyǎng	(4)
节能	jiénéng	(2)
截	jié	(4)
截然	jiérán	(7)
介入	jièrù	(2)
金瓜	jīnguā	(7)
金玉良缘	jīnyù-liángyuán	(1)
津津乐道	jīnjīn-lèdào	(6)
禁不住	jīnbuzhù	(6)
惊险	jīngxiǎn	(3)
旌旗	jīngqí	(7)
景点	jǐngdiǎn	(5)
景物	jǐngwù	(1)
敬酒	jìng jiǔ	(4)
酒鬼	jiǔguǐ	(3)
救命	jiù mìng	(4)
就餐	jiùcān	(6)
具有	jùyǒu	(1)
爵位	juéwèi	(1)
K		
开道	kāi dào	(7)
开口闭口	kāikǒu-bìkǒu	(5)
开朗	kāilǎng	(8)
靠拢	kàolǒng	(8)
恐惧	kǒngjù	(8)

口粮	kǒuliáng	(2)		内敛	nèiliǎn	(7)
哭笑不得	kūxiào-bùdé	(1)		农场	nóngchǎng	(3)
阔叶林	kuòyèlín	(2)		女子	nǚzǐ	(4)

L

P

来源	láiyuán	(1)		拍板定盘	pāibǎn-dìngpán	(7)
赖	lài	(3)		牌子	páizi	(5)
拦路	lán lù	(7)		盘问	pánwèn	(4)
老婆	lǎopo	(4)		疲劳	píláo	(8)
乐观	lèguān	(6)		拼	pīn	(1)
类似	lèisì	(3)		品尝	pǐncháng	(3)
礼	lǐ	(8)		品德	pǐndé	(1)
礼尚往来	lǐshàngwǎnglái	(8)		评价	píngjià	(5)
连根拔起	liángēnbáqǐ	(3)		颇	pō	(7)
联络	liánluò	(8)				

Q

溜达	liūda	(6)		乞丐服	qǐgàifú	(5)
镏壶	liūhú	(7)		岂	qǐ	(7)
流畅	liúchàng	(7)		恰恰	qiàqià	(8)
流芳百世	liúfāng-bǎishì	(1)		洽谈	qiàtán	(7)
六畜兴旺	liùchù-xīngwàng	(7)		前仰后合	qiányǎng-hòuhé	(7)
陆地	lùdì	(2)		墙壁	qiángbì	(2)

M

				呛	qiàng	(7)
麻雀	máquè	(3)		悄然	qiǎorán	(6)
马鞍	mǎ'ān	(7)		俏	qiào	(6)
麦霸	màibà	(5)		清淡	qīngdàn	(6)
茫茫	mángmáng	(4)		清雅	qīngyǎ	(7)
媒人	méiren	(7)		情绪	qíngxù	(6)
美味佳肴	měiwèi-jiāyáo	(7)		情义	qíngyì	(8)
密度	mìdù	(8)		区别	qūbié	(1)
面临	miànlín	(2)		趋势	qūshì	(2)
灭绝	mièjué	(2)		娶	qǔ	(3)
末	mò	(5)		缺乏	quēfá	(8)
没落	mòluò	(5)		确切	quèqiè	(8)
目瞪口呆	mùdèng-kǒudāi	(5)				

R

目光	mùguāng	(5)		燃料	ránliào	(2)
牧民	mùmín	(4)		热带	rèdài	(2)

N

				人均	rénjūn	(2)
耐烦	nàifán	(8)		日光灯	rìguāngdēng	(2)
男子汉	nánzǐhàn	(1)		融化	rónghuà	(2)

融洽	róngqià	(3)		体力	tǐlì	(6)
S				体现	tǐxiàn	(5)
嗓门儿	sǎngménr	(8)		体质	tǐzhì	(6)
筛子	shāizi	(7)		天地	tiāndì	(1)
山雀	shānquè	(3)		挑剔	tiāoti	(6)
上瘾	shàng yǐn	(3)		调皮	tiáopí	(7)
上涨	shàngzhǎng	(2)		统计	tǒngjì	(2)
生存	shēngcún	(2)		拖泥带水	tuōní-dàishuǐ	(2)
生性	shēngxìng	(7)		**W**		
湿润	shīrùn	(2)		外宾	wàibīn	(4)
实惠	shíhuì	(6)		往	wǎng	(8)
时尚	shíshàng	(5)		往往	wǎngwǎng	(7)
时兴	shíxīng	(6)		威武	wēiwǔ	(1)
失业	shī yè	(4)		威胁	wēixié	(2)
石英	shíyīng	(5)		围	wéi	(4)
实质	shízhì	(8)		唯独	wéidú	(7)
氏族	shìzú	(1)		委屈	wěiqū	(4)
手势	shǒushì	(5)		温柔	wēnróu	(1)
寿命	shòumìng	(2)		无所谓	wúsuǒwèi	(5)
衰老	shuāilǎo	(6)		兀鹰	wùyīng	(3)
率先垂范	shuàixiān-chuífàn	(7)		**X**		
水平面	shuǐpíngmiàn	(2)		膝	xī	(8)
水性	shuǐxìng	(4)		媳妇	xífu	(3)
说不定	shuōbudìng	(4)		喜形于色	xǐxíngyúsè	(8)
怂恿	sǒngyǒng	(3)		先锋	xiānfēng	(7)
俗话	súhuà	(4)		闲逛	xiánguàng	(4)
塑料	sùliào	(2)		现象	xiànxiàng	(1)
随着	suízhe	(5)		相聚	xiāngjù	(7)
T				相应	xiāngyìng	(6)
贪婪	tānlán	(8)		象征	xiàngzhēng	(5)
谈吐	tántǔ	(4)		消耗	xiāohào	(2)
叹气	tàn qì	(4)		消极	xiāojí	(6)
炭火	tànhuǒ	(7)		消食	xiāo shí	(6)
探视	tànshì	(8)		小两口儿	xiǎoliǎngkǒur	(3)
堂屋	tángwū	(7)		谐音	xiéyīn	(1)
陶器	táoqì	(1)		新娘	xīnniáng	(5)
淘气	táoqì	(1)		新人	xīnrén	(5)
提醒	tíxǐng	(2)		信天翁	xìntiānwēng	(3)

修养	xiūyǎng	（8）
喧闹	xuānnào	（8）
寻求	xúnqiú	（6）
巡	xún	（7）

Y

言语	yányu	（4）
沿海	yánhǎi	（2）
眼花缭乱	yǎnhuā-liáoluàn	（5）
宴席	yànxí	（5）
依赖	yīlài	（6）
一旦	yídàn	（2）
一方水土养一方人	yì fāng shuǐtǔ yǎng yì fāng rén	（4）
意念	yìniàn	（7）
意味着	yìwèizhe	（2）
英雄	yīngxióng	（4）
迎亲	yíng qīn	（7）
应邀	yìngyāo	（8）
油箱	yóuxiāng	（2）

Z

灾难	zāinàn	（2）
在意	zàiyì	（8）
增强	zēngqiáng	（6）
赠送	zèngsòng	（8）
窄	zhǎi	（8）
盏	zhǎn	（7）

帐篷	zhàngpeng	（4）
珍惜	zhēnxī	（8）
斟	zhēn	（7）
挣扎	zhēngzhá	（4）
拯救	zhěngjiù	（2）
知识分子	zhīshi fènzǐ	（1）
职业	zhíyè	（1）
指望	zhǐwàng	（8）
中看	zhōngkàn	（8）
中用	zhōngyòng	（8）
重视	zhòngshì	（8）
奏乐	zòu yuè	（7）
主题	zhǔtí	（6）
注重	zhùzhòng	（8）
筑巢	zhù cháo	（3）
专一	zhuānyī	（8）
转折	zhuǎnzhé	（2）
装	zhuāng	（8）
追求	zhuīqiú	（5）
着实	zhuóshí	（7）
组成	zǔchéng	（1）
祖先	zǔxiān	（1）
醉态可掬	zuìtài-kějū	（7）
坐姿	zuòzī	（8）
做文章	zuò wénzhāng	（7）